建院首学年精彩图集（2020 年 8 月—2021 年 8 月）

山西通用航空职业技术学院

学院校徽

（著作权登记号：国作登字 -2021-F-00005909；商标注册证第 51440970 号、第 51454495 号、第 51468343 号）

学院校训

首批新教师赴北航学习培训（2020 年 8 月 21 日）

大同市与太原理工大学签署合作协议（2020 年 8 月 23 日）

吴光辉院士受聘学院技术委员会主任（2020 年 8 月 23 日）

雷晓锋受聘学院首任院长（2020 年 9 月 17 日）

学院开展首届新生军训（2020 年 9 月 11 日）

“通航有梦·志在蓝天——宫浩钦教授绘画作品展”举办（2020 年 9 月 17 日）

学院送出第一封录取通知书（2020 年 9 月 26 日）

学院迎接首届新生入学（2020 年 10 月 9 日）

学院揭牌仪式暨首届新生开学典礼隆重举行（2020 年 10 月 24 日）

学院首届新生开学第一堂课（2020 年 10 月 26 日）

雷晓锋院长带领学院负责人赴西安航空职业技术学院考察调研（2020 年 11 月 4 日）

学习党的十九届五中全会精神（2020 年 11 月 25 日）

纪念“一二·九”爱国运动 85 周年暨阳光校园体育冬季长跑活动（2020 年 12 月 5 日）

开展党史“微学习”集体备课（2021 年 3 月 4 日）

航模队成立大会（2021 年 3 月 24 日）

国旗护卫队正式成立（2021 年 5 月 8 日）

首届科技文化节暨“蓝天杯”技能创意大赛开幕（2021 年 5 月 19 日）

学院党员干部赴右玉参观学习（2021 年 5 月 26 日）

学院派出的首支乡村振兴工作队入驻灵丘县岗河村（2021 年 6 月 1 日）

学院师生集体观看中国共产党成立 100 周年庆祝大会（2021 年 7 月 1 日）

“2021 中国 · 通航产教融合高峰论坛”举办（2021 年 7 月 10 日）

启航

山西通用航空职业技术学院首年办学纪实

雷晓锋　主编

北京航空航天大学出版社
BEIHANG UNIVERSITY PRESS

图书在版编目（CIP）数据

启航：山西通用航空职业技术学院首学年办学纪实 / 雷晓锋主编. -- 北京：北京航空航天大学出版社，2021. 12

ISBN 978-7-5124-3676-3

Ⅰ. ①启… Ⅱ. ①雷… Ⅲ. ①山西通用航空职业技术学院-校史 Ⅳ. ①G719. 282. 53

中国版本图书馆 CIP 数据核字（2021）第 270197 号

启航：山西通用航空职业技术学院首学年办学纪实

责任编辑：李　帆　王　素
责任印制：秦　赟
出版发行：北京航空航天大学出版社
地　　址：北京市海淀区学院路 37 号（100191）
电　　话：010－82317023（编辑部）　　010－82317024（发行部）
　　　　　010－82316936（邮购部）
网　　址：http：//www. buaapress. com. cn
读者信箱：bhxszx@ 163. com
印　　刷：北京九州迅驰传媒文化有限公司
开　　本：710mm×1000mm　1/16
印　　张：14
字　　数：190 千字
版　　次：2021 年 12 月第 1 版
印　　次：2021 年 12 月第 1 次印刷
定　　价：56. 00 元

如有印装质量问题，请与本社发行部联系调换
联系电话：010－82317024

编委会

主　编： 雷晓锋

编写组： 曹永明　纪晓平　史立斌　王文章
宋光涛　张晶雷

序　言

百年大计，教育为本。作为山西省第一所航空高等职业院校，山西通用航空职业技术学院的建设和发展，是山西省委省政府、大同市委市政府深入贯彻落实习近平总书记视察山西重要讲话重要指示、切实推动转型发展，强力推进通航示范省、通航示范市建设的生动实践。

在省市各级领导的亲切关怀和大力支持下，学院于2018年9月开工建设，2019年11月一期项目竣工。2020年3月23日获得省政府批复，5月11日取得教育部备案，10月9日首届新生入学报到，10月24日学院揭牌暨首届新生开学典礼隆重举行，标志着学院办学工作全面启动。

这所高等职业院校的办学历程，凝聚着太多人的智慧和汗水、勇气和担当，他们或高瞻远瞩、顶层谋划，或马不停蹄、上下请援，或枕戈待旦、日夜奋战，或出谋划策、倾力助战……这是对人民、对教育的真挚热爱，对职业教育和航空产业发展的倾情投入。真诚地感谢你们！

这所高等职业院校的办学历程，自始至终展现了北航人的身影和北航大学的付出。北航校领导关心院长选聘及其在大同的工作生活情况；北航各部门从制度建设、师资培训、名师授课、思政体系建设、信息化建设、校园文化建设、校校合作、校企合作等方面给予全力支持；北航校友发扬“三帮”精神，从产教融合角度深度融入。真诚地感谢你们！

这所高等职业院校的办学历程，闪烁着学院首批教师、首届学生的青春光芒。平均年龄 30. 5 岁的青年教师们，带着对教育的热爱、对未来的期许，发出第一封通知书、迎接第一名新生、上好第一堂课；平均年龄 18. 2 岁的 2020 级首届新生，带着对生活的懵懂、对大学的憧憬，让这所美丽的校园立刻充满了勃勃生机，开启了梦想的新航程。真诚地感谢你们！

习近平总书记指出，职业教育前途广阔，大有可为。历史车轮滚滚向前，山西通用航空职业技术学院作为中国高等职业教育的一名新兵，其成长和进步需要一段文字来记录，以致敬所有为其奉献和付出的人，是本书所成。本书按照时间顺序、以周记的方式较为详细地记录了在 2020 年 8 月—2021 年 8 月，山西通用航空职业技术学院首学年的办学历程。

由于时间较为仓促，文字功底有限，书中内容颗粒度不均匀，如有不妥之处，请批评指正。

编　者

2021 年 9 月

目录

CONTENTS

2020年办学工作简报第一期：产教融合·北航培训·书写校名

2020年8月17日—23日，山西通用航空职业技术学院积极推进办学筹备工作，主要工作进展如下。

一、积极配合市政府完成与太原理工大学战略合作协议签约暨航空航天产教融合研究院揭牌仪式

8月23日上午，大同市人民政府与太原理工大学在航空航天领域产教研融合战略合作协议签约暨航空航天产教融合研究院揭牌仪式在我院成功举办。学院全体工作人员积极配合，协助布置会场，全力做好会议后勤保障。仪式结束后，航空航天产教融合研究院第一次联合办学会议召开，学院技术委员会主任吴光辉院士、副市长郭蕾、市教育局局长范振凯分别就研究院运行和学院发展提出了建议和要求。我院青年教师参加座谈。

此次活动在我院的成功举办，体现了市委、市政府对通航产业的高度重视，以及对我院工作的高度关怀。老师们表示，此次活动鼓舞了士气，要把握机遇，不断提高自身专业素养，为大同市乃至全省通航产业的发展贡献自己的力量！

二、启动首届新教师入职培训工作

为使我院新入职教师尽快完成职业角色的转变，了解教育教学工作的相关要求，提升业务能力，8 月 21 日—22 日，我院组织 69 名新教师赴北京航空航天大学进行首届新教师第一阶段的入职培训。培训由学院院长雷晓锋主持，筹备工作组纪晓平、史立斌、宋光涛、王强参加培训。

此次培训根据我院实际需求，由北京航空航天大学黄俊教授、王文文教授、李云春研究员分别就航空航天发展史、思政课程与课程思政、有组织的信息化建设和网络安全等进行讲授。参训教师还参观了航空航天博物馆、北航无人机研究院。

培训短暂却高效，新教师纷纷表示，通过此次培训对航空工业有了初步认识，对教师职业有了更加深刻的理解，为做好个人职业规划打下了理论基础，要学习航空航天精神，在山西通航学院的大舞台上尽情展示自己的青春风采！

三、落实欧阳中石先生家人授权校名使用工作

雷晓锋院长积极联系欧阳中石家人，经过友好协商，欧阳中石先生家人授权我校使用欧阳中石先生所书相应文字作为校名。这充分彰显了欧阳中石先生博大的教育情怀，为我校办学工作奠定了深厚的文化根基。

2020年办学工作简报第二期：学生手册·招生动员

2020年8月24日—30日，山西通用航空职业技术学院积极推进办学筹备工作，主要工作进展如下。

一、积极协调沟通专业基础课师资事宜

雷晓锋院长积极协调“无人机导论”等5门专业基础课授课师资事宜，现已确认2门课程由北航的教师授课，另外3门课程的师资正在积极推进落实。

二、筹办“通航有梦·志在蓝天——宫浩钦航空绘画邀请展”

为加强学院校园文化建设，初步创造良好的航空文化环境和氛围，在雷晓锋院长的积极协调下，学院邀请北航机械学院工业设计系副主任宫浩钦副教授，于近期在学院举办“通航有梦·志在蓝天——宫浩钦航空绘画邀请展”。相关工作已经启动，宫老师的30余幅作品已在运输途中。

三、做好学院开学前各项学生管理准备工作

学生工作部在充分调研北航、大同大学等兄弟高校学生管理制度

的基础上，开始研究起草“学生管理规章”中的相关制度，并着手起草我院《学生手册》《开学迎新方案》《开学典礼实施方案》《学生军训方案》。

四、做好学院开学前后勤管理服务工作

后勤处结合学院实际情况，进行物业费用评估相关准备工作，并起草了学院采购管理办法、校园一卡通管理办法。

五、加强招生宣传工作，加快教学准备相关工作

1. 制定高考招生宣传方案，召开宣传动员会，对赴我省其他10个地市开展招生宣传的工作进行安排。

2. 制定首届新教师校内培训计划，并做好教师上岗各项准备工作。

3. 对接新华书店，做好公共课及专业课教材征订工作。

4. 加快推进图书馆图书加工工作，力争9月1日完成上架工作。

六、逐步完善学院财务各项工作

1. 在学院机构设置尚未批复，法人证书及银行账户暂时不能办理的情况下，为保障学院过渡期工作顺利开展，与市财政局协商并报市政府领导批准，市财政局一期拨付专项资金900万元，由市教育局代为列支，待学院机构批复、开立银行账户后，结余资金由市财政局收回转入学院账户，由我院正式列支。

2. 财务部门与市教育局共同制定《学院过渡阶段专项资金财务审批管理办法》。

3. 院长办公会议审议通过《山西通用航空职业技术学院财务管理办法（试行)》《山西通用航空职业技术学院公务出差审批制度（试行)》《山西通用航空职业技术学院差旅费管理办法（试行)》。

七、加快推进产教融合、实习实训室建设验收相关工作

1. 实训中心牵头与广州中航货运公司洽谈战略合作协议签署事宜，经院长办公会议讨论通过，拟进行签约。

2. 邀请山西招投标专家库成员、大同大学、大同煤炭职业技术学院及采购方代表、使用方代表组成验收组，对电子实训室、空乘实训室、无人机实训室、礼仪教室、录播教室等功能教室进行验收，验收组通过听汇报、查看资料、实地检验、总结等程序对以上 5 个功能教室进行了验收，最终我院 5 个功能教室均顺利通过验收。

八、对接 2020 尧城（太原）国际通用航空飞行大会组委会，并积极筹备参展事宜

2020 尧城（太原）国际通用航空飞行大会将于 9 月底召开，这是学院办学后的第一次公开展示。学院指派实训处对接大会组委会，根据大会要求，结合学院实际，启动参会方案制订工作。

2020年办学工作简报第三期：
校徽·辅导员选拔·招生宣传

2020年8月31日—9月6日，山西通用航空职业技术学院积极推进办学筹备工作，主要工作进展如下。

一、完善和深化校徽设计方案

邀请北京的专家对校徽进行深化设计，形成了初步方案。

校徽释义：

1. 图形

标志的外部为内外两层的同心圆形，和谐而自然，象征着天空的辽阔。“天圆地方”是中国古代科学家对宇宙的认识，这也是对中国古代科学家追求科学真理精神的一种致敬。

中间图形为抽象飞机的三叶螺旋桨引擎，充满澎湃动力。将图形上下拆分，分别是飞机的飞行姿态与飞机跑道，象征着腾飞、自由、开放、稳定、前行，同样可以代表学院专业属性，以自由创新与开放的教学理念，以及无限能量在通用航空的专业领域里，稳健前行的探索精神。同时图形整体如英文字母“T”，这是通用航空的首字母缩写。

校徽下方为抽象的大同古城墙图形，在整体视觉上托住了全部的视觉元素，既能体现学院所在地的地域文化，又使整体的视觉非常和谐。城墙是文化，也是守护的象征，教育是国家发展、民族振兴和社会进步的基石，城墙元素的使用也象征着学院以专业教育为本，为国家和社会输送更多通用航空领域的专业人才。

2. 文字

欧阳中石先生题写的中文校名和英文校名形成了鲜明的比照体系：中国书法的文化意蕴，显示了通航对中华民族悠久文化传统的继承和发扬；英文校名则展示了在新的历史时期，通航的现代化教学理念。

3. 色彩

校徽基础色调为科技蓝，具有开放、严谨、稳重、进取的内涵，呈现出通航志在蓝天、勇于探索的精神，也是通航每个人心中最美的一抹色彩。

二、继续建章立制，持续优化学院制度体系

起草《山西通用航空职业技术学院院长办公会议议事规则（试行)》，并继续完善人员岗位职责。起草《疫情防控工作方案》及《疫情防控一日流程》。

讨论并通过学院《采购管理办法（试行)》和《校园一卡通管理办法（试行)》。

三、推进参加2020尧城（太原）国际通用航空飞行大会工作

积极对接市发改委和大会组委会，提供我院参加飞行大会的各项资料，初步制订学院展陈方案。

四、全力组织开展招生宣传工作

为了做好学院首届学生招生工作，学院邀请北航飞行学院招生主管沈鸿源老师进行专业指导和培训，在做好大同市招生宣传基础上，选派30余名教师奔赴全省各地开展招生宣传工作。在宣传过程中，先后召开3次视频会议，及时对各地的招生宣传工作进行研判，并进行有针对性的过程管理和指导。

五、组织新教师校内培训工作

新教师通过线上课程，从师德师风建设、公共课讲授、专业课教学、教师信息素养、高校人才培养、压力管理等方面进行学习，同时还实地观摩、练习使用学院教室的多媒体教学设备，为上好学院第一课做准备。

六、完成部分教材征订工作

对接新华书店，开展公共基础课教材的征订工作。

七、编写2021年新专业申报材料

结合我院发展实际，学院拟申报空中乘务、人工智能技术服务、民航安全技术管理等3个新专业。教务处组织相关教师启动新专业申报材料的编写工作。

八、进行学生辅导员选拔工作

经过前期自愿报名、条件筛查、一对一谈话，结合学生工作干部的

基本要求，从新入职教师中初步拟定6名辅导员人选。

九、推进新增实训室建设工作

根据专业发展需要，学院新建单片机（无人机方向）、飞行模拟驾驶、航空物流、设备检测与维修、金工、钳工、机械制图共7个实训室。到目前为止，飞行模拟、航空物流、钳工、机械制图这4个实训室设备已全部到场，正在安装调试中。其余实训室设备下周陆续到场，预计9月20日前实训室建设工作全部完工，可以正常使用。

十、优化办公室线路与网络

结合学院人员和办公场地的实际分配情况，后勤处对办公室线路和网络进行了优化。

2020年办学工作简报第四期：迎新方案·新专业申报·校园卡

2020年9月7日—13日，山西通用航空职业技术学院积极推进学生管理制度制定、新专业申请等工作，主要工作进展如下。

一、逐项梳理学生管理制度，全力筹备迎新工作

雷晓锋院长带领筹备组同志，对学生管理及违纪处分规定、学籍、奖助体系等方面的制度逐条进行梳理，初步构建学生管理制度的“四梁八柱”；进一步完善学院《迎新工作方案》，起草《新生入学疫情防控工作方案》。协调属地派出所、交警、各火车站、汽车站，沟通校园周边交通、新生接站等事宜。对接新生落户事宜，与市医保局对接新生参保事宜。

二、完成新专业设置申报

积极落实吴光辉院士的意见和建议，根据学院发展的实际情况，向省教育厅提交了空中乘务、民航安全技术管理、人工智能技术服务3个新专业的设置申请报告。

三、组织新教师讲课比赛

为进一步检验新教师授课能力和水平，学院于9月9日和9月11日先后组织两轮新教师讲课比赛。经过前期两个阶段的培训学习以及讲课比赛的历练，新教师的业务水平和能力得到极大提升，为首届学生入学开课奠定了较好基础。

四、确定6名学生辅导员人选

经过前期严格选拔，最终确定6名学生辅导员。9月8日，雷晓锋院长主持召开第一次辅导员培训会议。他结合自身的学生工作经历，对学生思想政治教育和学生事务管理工作提出具体要求，对辅导员们提出殷切期望：做学生终生难忘的辅导员。

五、进一步建立和完善学院管理制度

讨论并起草《教职工考勤管理办法》，完成教职工学历认证工作；编写教务相关制度以及《教务人员岗位职责》；制定学生收费管理办法（试行）等财务管理制度；制定《校门管理规定》《校园交通安全管理规定》等。

六、向市教育局递交学院购置计划和费用申请

向市教育局提交学院购置办公设备的计划和列支筹备组前期费用的申请，同时审核新教师培训及招生宣传费明细。

七、接待考生及家长参观咨询

针对专科高职批次志愿填报问题，接待考生及家长的参观与咨询。

八、图书馆图书陆续扫码上架

图书馆内24小时图书室5000余册图书陆续扫码上架。

九、同民航147培训机构（大同晋浩公司）达成合作意向

我院与民航147培训机构（大同晋浩公司）积极对接，就民航维修人员执照培训、飞机机型维修合格证培训、民航飞机维修基本技能培训、航空器部件维修合格证培训等方面达成初步合作意向。

十、积极推进校园一卡通建设

为保障新生顺利入学，方便师生生活，积极推进校园一卡通建设，确保在9月底前完成校园一卡通的全部调试工作。

2020年办学工作简报第五期：院长任命·航空绘画展

2020年9月14日—20日，学院召开干部大会，雷晓锋同志正式担任学院院长，学院迎新工作持续推进。

一、隆重召开山西通用航空职业技术学院干部大会

9月17日上午，山西通用航空职业技术学院干部大会在学院报告厅隆重举行。大同市委副书记、市长武宏文，市委常委、组织部部长宋涛，副市长郭蕾，北京航空航天大学党委副书记赵罡，省委组织部干部五处二级调研员李小琴，以及学院全体教职员工出席会议。会议由副市长郭蕾主持。

会上，省委组织部干部五处二级调研员李小琴宣布干部任免决定，任命雷晓锋同志为山西通用航空职业技术学院院长。大同市委副书记、市长武宏文为我院聘任院长雷晓锋颁发聘书。

武宏文指出，山西是国家通用航空业发展示范省，大同是全省通用航空业发展示范市，市委、市政府积极贯彻落实省委“四为四高两同步”部署，改变“一煤独大”，大力促转型，发展新兴产业。通航学院是市政府发展通航产业的主阵地，从项目落地到建成历时11个月，高质量起步，开局就是决战，起步就是冲刺。他指出，新任教职工是学院

的开拓者、启蒙者，身上肩负着教书育人，培养通航应用型人才的使命和责任，希望教职工要有创新精神，不断追求真理，秉持敬业精神，心怀国家，学习北航“空天报国”精神，把学院建成国内一流的高水平职业院校。

北京航空航天大学党委副书记赵罡表示，雷晓锋同志是北京航空航天大学培养的优秀年轻干部，是通航领域的专业人才，政治素养高。希望雷晓锋同志以立德树人为根本要求，尽快融入山西，融入大同，传承北航精神，为地方经济发展做出贡献。

院长雷晓锋在表态发言中说，担任院长责任重大，使命光荣，要认真学习上级关于职业教育的会议和文件精神，团结学院领导班子，坚持民主集中制，尽快转变角色，适应岗位，使学院发展与产业发展同频共振，实现高质量发展；“慎独、慎微、慎初”，发挥自身优势，当好大同与北航深度合作的纽带和桥梁，把自己的北航红色基因融入通航学院工作，做有信仰、有担当的高职教育的实践者、贡献者。

此次会议的召开，充分体现了两级政府对通用航空产业的高度重视，以及对我院工作的高度关怀。大会激励广大教职工以饱满的状态、昂扬的斗志，起航逐梦，努力为我市乃至全省产业转型升级担负起责任与使命。

为了召开好这次大会，学院各部门积极筹备，安排接待、布置会场、准备资料文件、协调人员、保障会场秩序，严格规范流程，精细化管控，确保会议顺利举办。

二、举办“通航有梦·志在蓝天——宫浩钦航空绘画邀请展”

为了弘扬航空文化，加强校园文化建设，经雷晓锋院长协调，北京航空航天大学宫浩钦副教授于9月17日—10月31日，在我院举办“通航有梦·志在蓝天——宫浩钦航空绘画邀请展”，展览共展出宫教授航空绘画作品30余幅。

三、持续建立健全学院相关管理制度

起草《教师调换课制度》《教室使用管理制度》《学分管理制度》《人才培养方案制度》以及制作授课计划表、教案模版；制定《学生公寓管理规定》《消防安全管理规定》。

四、细化学生工作内容，开展辅导员培训工作

印发学生管理相关文件，制定本学期学生主题教育与课外活动计划，同时开展辅导员培训工作，起草《辅导员及班主任工作制度》以及《学生工作部部门管理制度》。

五、组织新教师讲课技能大赛决赛

18 日上午，教务处组织并完成新教师讲课技能大赛第三轮决赛，新教师以赛促教，交流学习，极大地促进了新教师教学技能的提升，为我院教学质量的提高奠定坚实基础。

六、完成录取通知书设计、信息审核工作

完成录取通知书及邮递信封设计工作，并对单招及对口升学考生的录取通知书打印信息和邮寄信息进行审核。

七、完成对录取考生信息的汇总整理核对工作

对单独招生及对口升学录取生的信息进行汇总核对，并完成单独招生录取生的分班工作。

八、图书馆图书完成芯片转换，智慧图书馆图书完成扫码上架

图书馆全馆图书（除部分问题图书）已做完芯片转换，智慧图书馆图书全部完成扫码上架，并开始拟定图书馆规章制度。

九、市教育局通过我院购置计划和费用申请

市教育局党组会议审议通过了学院购置办公设备的计划和列支筹备组前期费用的申请。

十、安装调试教师公寓热水器

为方便教职工生活，完成教师公寓热水器的安装与调试，实现插卡取水。

2020年办学工作简报第六期：第一封录取通知书

2020年9月21日—27日，山西通用航空职业技术学院顺利发出第一封录取通知书，其他办学筹备工作也顺利开展。

一、学院发出第一封录取通知书

9月26日，大同市副市长郭蕾、院长雷晓锋来到大同市美好新里程社区，将学院办学史上编号为SGAP200001号的第一份录取通知书，交给2020级新生薛永康。这标志着山西通用航空职业技术学院正式录取第一名学生。

二、参加大同市职业学校专题研讨会

9月22日，雷晓锋院长带领我院实训部门负责同志，参加了由大同市教育局举办的“大同市职业学校‘招得进 留得住 出得去’专题研讨会”。

会上，雷院长提出成立职业教育产教联盟的设想，受到与会人员高度赞许。雷院长提出，在大同应成立一个由政府、企业及职业学校共同参与的议事平台，借鉴德国、新加坡等职业教育发展较好的经验，结合当地实际，进行职业教育发展的理论研究，出版一份大同职业教育杂志，用于指导我市职业教育实践。

三、完成高考考生录取各项工作

1. 开展各区县高考补录宣传工作，接收整理高考补录考生信息。

2. 完成2020级录取考生详细信息的整理核对工作。

3. 为部分需要在生源地办理助学贷款的学生开取录取证明。

4. 完成全部考生的录取通知书、入学须知等纸质资料的设计、制作、分装和投寄工作。

四、接收公共课教材，编排公共课课表

接收整理部分公共课教材，初步完成第一学期公共课课表的编排，并制定学生转专业流程制度。

五、完成图书馆开馆各项准备工作

1. 拟订图书馆规章制度。

2. 完成馆内破损书架的修补工作。

六、开设学院银行基本账户

学院开设银行基本账户，开户行为中国建设银行大同城建支行。

七、完成学院车辆通行证的发放工作

为保障校园交通安全，为教职工办理车辆通行证，并签署承诺书。

2020年办学工作简报第七期：国庆节·尧城飞行大会

2020年9月28日—10月4日，学院积极参加尧城飞行大会，规划国庆假期安排，主要工作进展如下。

一、参展尧城飞行大会，通航业内崭露头角

我院接到飞行大会参展邀请后，院领导高度重视，积极组织相关人员制定参展方案，要求突显我院办学优势和特色。展出期间，许多业内人士及群众驻足观看，聆听工作人员讲解。参观人员纷纷表示，学院办学很有特色，是山西唯一一所专门培育通航人才的高等职业院校，必将培养出一大批通航人才，为山西通航业发展做贡献。

雷晓锋院长在现场接受了黄河电视台记者采访，雷院长向记者详细介绍了学院的办学思路和下一步发展计划，学院将深入学习贯彻习近平总书记视察山西重要讲话重要指示，按照省委“四为四高两同步”总体思路和要求，为大同进一步实现产业升级、发展动力深度转换增添新动能，助力大同通航产业实现腾飞。

二、制定国庆假期安排及疫情防控要求方案

为了保障广大师生员工的生命健康安全，防控疫情发生和传播，根

据上级精神并结合学院实际，制订国庆期间工作安排和疫情防控方案，并制定国庆假期值班表，落实值班值守制度，并且自9月28日起，学院实行封闭管理，外来人员一律不得入校，各部门统筹做好学校安全工作。

2020年办学工作简报第八期：喜迎首届新生·学生军训

2020年10月5日—11日，山西通用航空职业技术学院各部门各尽其责，通力合作，在迎接新生、组织军训、教学等方面的主要工作进展如下。

一、学院喜迎首届新生

9日，我院2020级新生陆续报到，各部门通力合作，完成新生报到接站、核验资料、入学测温、分发物品、指引宿舍、搬运行李、绿色通道服务、学生接待服务和学费收缴等一系列工作，逐个宿舍走访核实报到人数，确保迎新工作顺利进行。在筹备阶段，主要工作包括：

1. 印制《学生手册》、学生请假条，制作迎新展板、迎新条幅、军训旗帜和手举牌。

2. 分配学生宿舍房间及床位，制作学生入住单，安装宿舍门牌。

3. 统计学生报到当日的到校方式、到校时间、接站地点。

4. 拍摄并制作迎新视频，让学生熟悉报到流程，提高报到效率。

5. 制定军训实施方案和军训日程，接待并安排军训教官团队进驻我校，召开军训教官见面会，布置迎新会场、军训动员会会场。

6. 征集64名学生迎新志愿者，并召开迎新志愿者动员会。

7. 完成新生报到花名册整理制作、新生学生卡、宿舍钥匙分拣分装工作。

8. 研究起草学生管理值班制度和晚点名制度。

二、首届学生军训顺利启动

11 日，我院隆重召开 2020 级新生军训动员大会，院长雷晓锋、承训方领导张亚军以及学院各部门负责人、2020 级全体新生出席会议。会议由曹永明主任主持。

会上雷晓锋院长为新生授予学生军训团旗帜，标志着我院新生军训正式开始。

雷晓锋院长在致辞中表示，大学生军训在增强学生的责任意识和爱国意识，锻炼意志，提升综合能力素养等方面具有课堂教育或理论教育无法替代的作用。参加军训的同学要提高认识，端正态度，以饱满的热情全身心地投入军训中去。

为了召开好这次大会，学院工作人员积极筹备，布置会场，协调人员，保障后勤和会场安全，确保会议顺利举办。

三、展示合作企业风采，就业有着落家长更放心

学院为了让家长对学院的办学情况有全方位的了解，尤其是家长最关心的学生就业问题，学院专门在迎新区域设置了合作企业风采展示区，在展示区内，通过 LED 视频、展板及人员讲解等形式，展出了与我院有深度合作的企业风采，吸引了众多家长咨询和观看，家长们通过听讲解，看视频、展板，对学生今后实习和就业的单位有了深入了解。

我院一直高度重视学生的实习及就业问题，本着“出口决定入口”的理念，积极对接市通航园区及省内外相关企业，目前已与大同轻飞、北京长鹰蜜蜂等多家企业签订了校企合作协议。

四、辅导员召开第一次班会，并参加班级建设培训

辅导员召开第一次大班会，并为延期报到的学生办理报到手续、领取相关物品。辅导员参加北航邵英华老师关于“班会和新生班集体建设”的培训。

五、有序开展扩招工作

根据学院招生计划，制定扩招工作章程和相关方案。

六、加快教学相关准备工作，完成班级教室分配

教务处召开全体教师教学工作会议，拟定学业导师工作制度，调整完善第一学期课表；完成各班级教室分配，并设计完成学生入学奖学金证书样式。

七、整理课程教材，图书馆确定开闭馆时间

完成部分课程教材到货接收整理工作，并整理图书馆书架，确定开闭馆时间。

2020年办学工作简报第九期：教学准备·扩招

2020年10月12日—18日，山西通用航空职业技术学院积极组织专题学习，加强学生管理，推进教学工作，主要内容如下。

一、组织学生学习专题课程，召开主题班会

组织学生学习“积极心理”和“文明礼仪”相关课程，召开关于预防“套路贷”和文明上网的班会。

二、辅导员参加专题培训，提升学生工作能力

辅导员参加北航邵英华老师主讲的题为“学生工作与辅导员队伍建设”“学生资助（奖助勤贷）工作”“心理危机干预”“安全稳定工作”的4次培训。

三、继续开展学生工作，实现精细化管理

1. 完成学生入学情况统计汇总，为学生发放《学生手册》。
2. 开展经济困难学生相关材料收集工作。
3. 制定学生管理值班制度和晚点名制度，编排每日值班表。
4. 组织学生开展拔河比赛，比赛增进了学生顽强拼搏精神，团队协

作能力，有利于增强集体荣誉感，有利于团队和班级建设。

四、加快教学相关准备工作

召开全体学业导师工作会议；组织实施 2020 级新生英语分级教学考试；完成第一学期公共课课表；制订多媒体教室使用规定；制作打印新生入学奖学金证书。

五、持续推进扩招工作

完善扩招政策，继续接受扩招报名。

六、高校教师资格证认定岗前培训开始报名

2020 高校教师资格证认定岗前培训报名工作开始，相关部门组织报名并审核信息。

七、完善学生公寓设施，方便学生生活

根据新生实际入住情况，完善学生公寓设施设备和管理制度，确保安全、便利。

2020年办学工作简报第十期：学院揭牌·正式开学

2020年10月19日—25日，山西通用航空职业技术学院全体教职工通力合作，精心准备，在学院揭牌、开学典礼、教学、学生管理等方面，工作进展如下。

一、隆重举行学院揭牌暨首届新生开学典礼

24日，山西通用航空职业技术学院揭牌暨首届新生开学典礼在我院报告厅隆重举行。省委常委、市委书记张吉福，副省长吴伟，省政府副秘书长向弟海，省教育厅厅长吴俊清，省体育局局长赵雁峰，市委副书记、市长武宏文出席典礼并为学院揭牌。省委常委、大同市委书记张吉福宣布“山西通用航空职业技术学院开学”！

市人大常委会主任赵向东，市政协主席郜向华，市委常委、常务副市长薛明耀，副市长郭蕾，大同经济技术开发区党工委书记、管委会主任任希杰，山西大同大学校长冯锋，山西通用航空职业技术学院院长雷晓锋及山西航空产业集团有限公司、中国航天科工集团有限公司、太原理工大学、中北大学等通航企业及兄弟院校相关负责人出席典礼。我院教职工和800余名2020级新生参会，典礼由大同市副市长郭蕾主持。

吴伟对学院揭牌及开学表示祝贺。他强调，通航教育是通航生态系

统的突破口，也是通航产业链的奠基石。省委、省政府高度重视通航人才培养，希望学院紧紧围绕服务通航全产业链发展、助力通航强省建设，积极拓展“通航+”模式，加大开放合作力度，强化学校建设，实现学校教育质量、规模、结构和效益的科学均衡发展；始终坚持走产教融合道路，促进教育链、人才链、产业链、创新链有机衔接，推动人才引领产业、产业汇聚人才的良性发展；不断强化实训实践，充分利用大同通航产业园等优质资源，开展各类实操实训；加强供需对接，合理设置专业体系，逐步扩展服务方向，努力培养一批熟悉国际通航规则，满足山西通航发展需要的复合型应用人才，为全省乃至全国通航事业发展提供源源不断的人才和智力支撑。大同要继续支持学院发展，省教育厅要继续强化对学院指导，协同促进学院健康发展。

武宏文在致辞中说，山西通用航空职业技术学院的创建，填补了全省通航高职院校的空白，不仅是省委、省政府着眼转型发展全局，全力加快通用航空示范省建设的重大改革创举，也是大同在省域副中心城市建设关键期、转型综改攻坚期、产教融合发展黄金期，举全市之力建设的重大工程，对大同聚焦“六新”突破、蹚出转型发展新路具有深远意义。

雷晓锋院长在致辞中首先感谢各级政府对学院建设发展的重视与关怀，对我院新生的到来表示热烈的欢迎。我院的建设历程充分体现出大同发展的高度、速度和气度，雷院长表示，将以立德树人任务为根本要求，着力培养一流行业人才，希望同学们厚植通航报国情怀，牢记明德、弘毅、求是、笃行校训，知行合一，慎独、慎微、慎初，早日成长为通航领域未来的红色工程师！

会后，与会人员参观了山西通用航空职业技术学院飞行模拟驾驶实训室、空中乘务实训中心、图书馆等，就学院办学条件进行了实地深入的了解。

为了召开好这次大会，学院工作人员积极筹备，安排接待，布置会场，协调人员，保障后勤和会场安全，确保了会议顺利举办。

二、举行2020级新生军训闭营仪式

23日上午，学院顺利举行2020级新生军训闭营仪式，雷晓锋院长，大同市军分区政治工作处主任、军分区常委何新军上校，大同市军分区战备建设处孙连山参谋，以及学院各部处负责人、全体新生出席仪式。

雷晓锋院长代表学院为大同市军分区、同煤集团武装部授予锦旗

仪式上，表彰了军训中的优秀个人和集体，雷晓锋院长代表学院为大同市军分区、同煤集团武装部授予锦旗，感谢他们为本次军训的辛勤付出。

雷晓锋院长在讲话中充分肯定了新生在军训中表现出的不怕苦、不怕累的作风，希望大家铭记这次军训经历，并影响今后的行动，把在军训期间养成的良好品质和作风带到今后的生活、学习当中，一言一行都要高标准、严要求。要模范遵守学校的各项规章制度，坚持“五早”“五勤”，刻苦学习、踏实做人。

2020 级新生军训闭营仪式

此次活动是对新生军训阶段成果的集中展示，在此次军训中，学生以端正的态度、坚强的意志，努力克服困难，认真配合教官进行训练，积极参与各项活动，充分展现出山航学子的风采。

三、雷晓锋院长检查学院餐厅服务保障和食品安全工作

本周，雷晓锋院长在后勤部门负责人陪同下检查了学院餐厅工作，对餐厅各楼层进行了全面细致的检查，重点检查了饭菜质量和价格、餐厅工作制度落实、就餐区卫生情况等；检查并仔细询问操作间流程、原料存储、索证索票、从业人员健康体检、食品成品保鲜保洁、清洗消毒、食品留样、最终销售等涉及食品安全的重要环节。

雷院长强调，我们要充分认识学校食品安全的重要性和紧迫性，加强学校餐厅管理人员专业知识培训，建立健全有效的食品安全监管机制，加大监管力度，认真排查食品安全隐患，紧抓食品安全管理漏洞，让广大师生吃得安全、吃得放心、吃得营养、吃得健康。

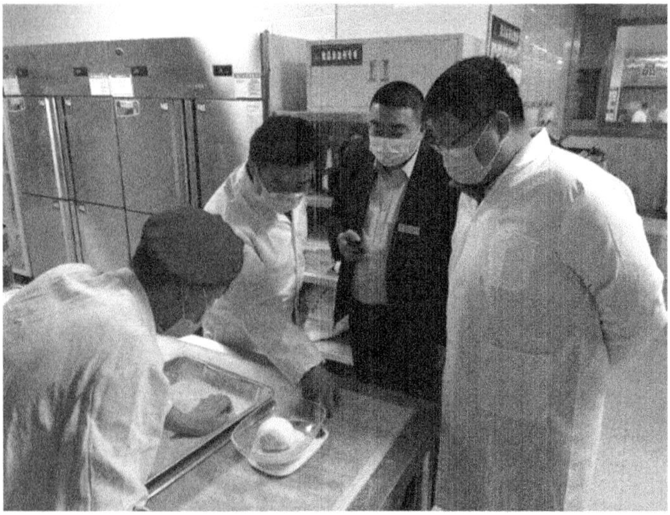

雷晓锋院长检查学院餐厅食品安全

四、辅导员与学业导师继续参加专题培训

辅导员与学业导师参加北航邵英华老师关于“团学活动开展”“学业导师与班主任职责”主题的专题学习。

五、起草相关教育管理实施方案，对接投保相关事宜

起草学院三线融合教育管理实施方案，对接投保校方责任险相关事宜，并开展我院人口普查工作。

六、组织学生开展军事理论课学习

23 日，新生开展军事理论课学习，邀请赵新老师主讲。主讲内容为当今国际军事形势、军事革命与军事变革。此次军事理论课让学生们了解了世界军事和我国军事思想，增强了国防观念和国家主权意识，强化了爱国主义和集体主义观念，加强了组织性和纪律性，提高了综合素质。

七、加快教学相关准备工作，确保首个教学日的教学工作顺利进行

完成外聘教师联系、定课、排课相关工作；完成学生教材发放工作；完成各班教室使用安排部署工作；完成第一学期课表下发工作；完成 2020 级扩招学生考试组织、实施工作。

八、学院纳入市财政预算单位

学院已纳入市财政预算单位，预算代码 050050，新开设财政零余额账户。

九、规范学生公寓管理，做到有序、安全

健全学生公寓管理制度，规范管理，确保管理高效、便捷，保障学生生活有序、安全。同时，为学生发放校服。

2020年办学工作简报第十一期：通航示范·军事理论课

2020年10月26日—11月1日，山西通用航空职业技术学院各部门通力合作，在教学、教师培训、学生管理、后勤服务等方面，主要工作如下。

一、雷晓锋院长参加山西省全国通用航空业发展示范省建设推进会

30日，山西省全国通用航空业发展示范省建设推进会在太原召开，会上，雷晓锋院长围绕通航教育进行发言。雷院长在发言中详细介绍了学院的建设历程、办学工作进展情况、学院高端智库和专家队伍建设情况以及产教融合情况，在省委省政府、市委市政府的支持与关怀下，学院高起点开局，着力打造通航职业教育新的增长极。

雷院长介绍了下一步学院的发展思路，学院将重点在“定位、特色、质量”上下功夫。要以制定好学院十四五发展规划为牵引，在学院发展定位上下功夫，切实与国家和地方需求同频共振；以建设校企合作集群和一流的通航人才综合实训示范平台、启动通航产教融合高峰论坛为重点，在学院发展特色上下功夫，切实与通航产业需求相适应；以构建一流培养体系和“十百千”人才师资引育计划为切入点，在发展质量

上下功夫，切实与师生需求、社会期盼相呼应。

二、安排第一周教学相关工作，确保顺利开好第一堂课

在雷院长统筹安排下，学院各部门通力合作，积极安排学生开课准备工作，完成学生档案打印工作，完成学生信息核对工作；并严格落实学院“五早”制度，加强对学生课堂及课后的管理。雷院长及各处室负责人走进课堂，实地考察学生开课情况及教师教学情况，及时发现问题解决问题，确保顺利开好第一堂课。

三、组织学生学习军事理论课

28 日晚，组织学生学习军事理论课，雷晓锋院长主讲，主题为“习近平总体国家安全观视域下的国家安全形势”。

四、辅导员继续参加主题培训，规划学生班团会议

本周，辅导员继续参加北航邵英华老师主持的主题培训，本周的主题为“团建工作引领大学生成长”“校园党建工作”“学风建设与学业辅导”。着手规划第一学期学生班团会议内容，落实学习“习近平总书记在纪念中国人民志愿军抗美援朝出国作战 70 周年大会上的重要讲话”。

五、学生管理工作有序开展，严格落实学院相关制度

1. 拟定《家庭经济困难学生认定办法》，摸排认定困难学生。

2. 采集汇总需补交住宿费的四人间学生名单，配合财务处补收住宿费差额。

3. 配合教官组织落实“五早”规定，确保早操、早餐与早读顺利进行。

六、落实人口普查工作，收集汇总校内人员信息，完成相关统计工作

严格落实第七次全国人口普查工作，普查全校常住师生信息，并且根据学校属地公安局要求，收集汇总校内人员信息。按照《教育部办公厅关于做好2020年教育事业统计工作的通知》（教发厅函〔2020〕43号）和《山西省教育厅关于做好2020年教育事业统计工作的通知》（晋教发函〔2020〕5号）要求，完成学院所辖相关统计工作。

七、我院教师参加能力提升培训

从26日开始，我院组织部分教师分批次赴太原参加山西省高职院校教师素质提高专项培训，学习关于三教改革的相关内容，全面提高教师把握教材、创新教法的能力。

八、有序推进扩招相关工作

扩招工作顺利完成，扩招考试、面试以及录取名单完成上报。

九、财政资金已下达我院，财务各项工作有序进行

财政资金已下达我院，同时已安装国库集中支付系统和政府采购系统。

十、督促餐厅优化服务，提升服务质量

根据上周雷院长检查餐厅工作的反馈情况，餐厅发现一些管理和服务上的漏洞与不足，积极整改，不断优化服务，提升服务质量，保障食品安全，确保广大师生吃得健康，吃得放心。

2020 年办学工作简报第十二期：通航推介·调研·三线融合

2020 年 11 月 2 日—8 日，学院教师培训、学生管理、教学等方面的工作也有序推进。雷晓锋院长带领我院相关部门负责人赴西安、上海、徐州进行考察调研，签署校企合作协议。

开启校企合作项目

一、参加大同市通航产业集群专题招商推介会（上海）

5 日，大同市通航产业集群专题招商推介会在上海举行，市委副书记、市长武宏文做主题推介，并见证我市与湖北蔚蓝航空集团有限公司、上海云之翼通用航空有限公司、江苏金威遥感数据工程有限公司签署相关战略合作协议，见证我院与北京凡华教育科技集团签署《校企合作框架协议》。

我院作为本次推介会的承办单位之一，积极为会议的成功召开贡献力量，邀请了中国工程院院士、飞机设计专家、C919 总设计师吴光辉院士、太原理工大学航空航天学院书记、院长等多名专家出席本次推介会。雷晓锋院长在推介会上做了《培养一流通航人才 做出一流行业贡献》的主题发言，引起与会专家、学者和企业家的共鸣。他表示，学院将紧跟职业教育发展新趋势，让学院的建设与产业发展同频共振，要以建设校企合作集群和一流的通航人才综合实训示范平台、启动通航产教融合高峰论坛为重点，在学院发展特色上下功夫，切实与通航产业需求相适应，助力大同通航教育、通航产业走上发展“快车道”。

会上，我院与北京凡华教育科技集团签署《校企合作框架协议》。北京凡华教育集团董事长石戴卫在发言中盛赞大同对人才的重视和关怀，他感受到市委、市政府引才聚才、谋求发展的诚意和决心，表示愿与大同一道，共同谱写通航产业发展新篇章。

我院一直高度重视学生的实习及就业问题，本着“出口决定入口”的理念，积极对接省内外相关企业，此次校企合作框架协议的签署，体现出我院应社会所需，与市场接轨的办学理念，拓宽了学生就业之路，将开启我院校企合作的新篇章。

二、赴西安航空职业技术学院考察调研

4 日，雷晓锋院长与我院相关部门负责人一行 4 人赴西安航空职业技术学院考察调研，并与西安航空职业技术学院领导及相关负责人进行座谈交流。

西安航空职业技术学院校长赵居礼代表学校对我院领导一行的到来

雷晓锋院长带领学院负责人赴西安航空职业技术学院考察调研

表示热烈欢迎，并详细介绍了学校的发展历程和总体情况，围绕专业建设、人才培养方案、人才引进、招生就业等方面做了重点介绍。

雷晓锋院长对西安航空职业技术学院近年来在学校建设发展中取得的成绩表示了充分的肯定和赞赏。他表示，希望通过本次交流，我院能够借鉴西航职院在人才培养、专业建设等方面的先进做法。双方特别就产教融合、思政教育与管理、招生就业等方面进行了深入交流探讨，双方将进一步扩宽两校交流辐射面，为未来更好的合作打下坚实基础。会上，双方还就对口部门具体问题和经验做法进行了交流。

在考察中，雷院长等还参观了西航职院航空科技馆。这是一所集航空文化传播、航空科技普及、航空教学实训、航空产业宣传介绍和航空旅游等功能为一体的现代化航空科技馆，也是目前西北地区最大的航空科技馆。雷院长仔细观看，听取工作人员讲解，并询问有关情况。

通过此次交流学习，既拓宽了眼界、打开了思路，又增进了校际联系和友谊，为今后两校的深入交流探讨和共同进步奠定了良好基础。

三、赴徐州翔宇航空培训基地调研交流

本周，雷晓锋院长率我院实训处负责人赴徐州翔宇航空培训基地参观调研，实地考察基地发展建设情况，为我院产教融合及实训基地建设觅发展良方。

徐州翔宇航空培训基地是由徐州空港经济开发区和北京翔宇集团联合打造的大型综合航空培训基地，该基地占地面积 50 亩，建筑面积 2.8 万平方米，各类实训设施设备总投入近 1.5 亿元，集飞行员训练中心、乘务员训练中心、CCAR－147 机务维修培训中心、航空科普基地等多功能于一身，可面向航空公司提供飞行员、乘务员的初始培训、复训、机务维修人员维修执照考试培训等服务；也可面向职业院校、中小学生提供实习实训、游学以及科普等服务。可容纳 200 余人同时在训。

雷院长一行详细了解了基地的投资规模、项目效益、发展前景等情况，对徐州翔宇航空培训基地的高质量发展表达赞许。他表示，通过现场实地观摩，看到了徐州空港经济开发区的巨大变化，了解了培训基地的发展规划，学习了通航产教融合的先进经验，此次交流必将对我院的后续建设发展具有重要的借鉴意义。

四、实训教师齐动员参与培训练技能

本周，实训中心组织全体实训教师参加了实训室设备使用与维护的专项培训。在设备检测与维修实训室，设备提供方的侯老师详细介绍了全车电器实训台、发动机实训台、动力转向实训台、冷却系统示教板等设备的使用说明、注意事项以及保养方法。

参与培训的教师逐一学习了实训室内 20 余台教学设备的使用方法，并请侯老师及时排除了现场出现的设备故障，在学习业务技能的同时确保了教学设备的良好运行。在单片机（无人机方向）实训室，参与培训

的教师克服培训场地设备的限制，在个人笔记本电脑上完成了单片机操作系统的学习，并就难点、重点逐一上机练习，确保掌握专业教学及实训室管理的要义。

通过此次培训，实训中心各位教师提高了专业理论认识和实际操作水平，为后续实训工作的开展打下了坚实的基础。

五、规范学生日常管理和思想政治工作

山西通用航空职业技术学院三线融合学生教育管理机制示意图

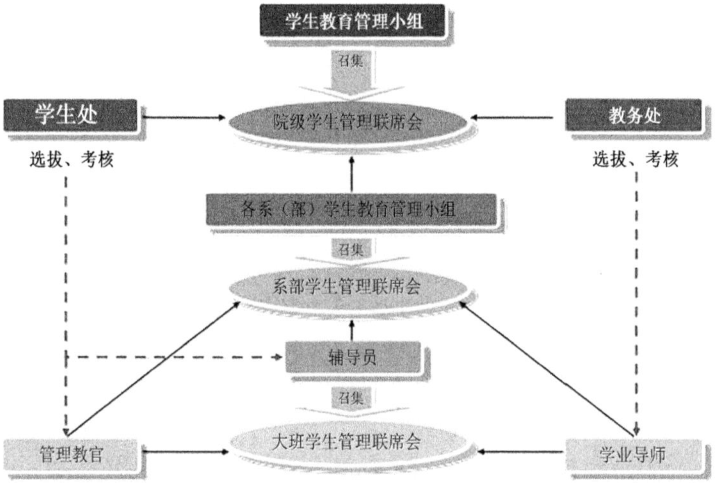

1. 制定三线融合学生教育管理方案。

2. 严格认定家庭困难学生，各系部召开联席会议分别讨论学生家庭情况。

3. 规划筹办系学生会，谋划建设方案。

4. 组织学生开展学习习近平总书记在抗美援朝 70 周年大会上的重要讲话团会。

5. 开展校园动物伤害与运动安全主题宣传活动。

六、辅导员专项培训圆满结束

辅导员继续参加北航邵英华老师开展的专项培训。本周邵英华老师的“雄鹰领飞辅导员专项培训”圆满结束。

七、有序推进高职扩招各项工作

1. 2020 年第二阶段高职扩招招生专业目录完成报送。
2. 向省教育厅汇报夏季高考及高职扩招进度。

八、完成学生学籍注册，持续优化学籍管理

我院学生学籍全部完成注册，并向省教育厅学生处报送我院学籍管理相关工作人员信息，规范学籍管理，为教学活动的有序开展提供保证。

九、接收专业课教材并完成发放

本周，向学生发放第一学期专业课教材，确保教材质量，保障教学顺利开展。

十、进行我院校徽美术版权和注册商标的申请

本周，对我院校徽进行了美术版权和注册商标的申请，商标受理和版权受理为 30—40 个工作日，版权受理不驳回即表示通过，12 个月后可取得商标许可证。

十一、落实人口普查工作

第七次全国人口普查本校工作全部完成。

2020年办学工作简报第十三期：医疗服务·筹建学生会

2020年11月9日—15日，雷晓锋院长带领学院部门负责人继续推进校企合作，外引内联，助力通航产教融合，突出学院特色。同时，学院教师各类培训、校园文化建设、学生管理等方面工作也积极推进，取得实效。

一、市卫健委主任来我院调研医疗服务点设置事宜

13日，市卫健委主任张宏东一行来我院调研医疗服务点设置事宜，

雷晓锋院长陪同市卫健委主任张宏东一行人调研学院医疗服务点

雷晓锋院长介绍具体情况，后勤处负责人陪同调研。

调研中，雷院长介绍了学院发展建设概况，以及学生在校期间医疗需求方面的详情，咨询了我院医疗服务点场地设置情况。雷院长表示，希望市卫健委根据学院实际，加强政策、资金等方面的支持力度，可以早日为学院师生提供基本医疗保障。张宏东在交流中表示，市卫健委高度重视学院师生医疗需求，已经制定了医疗服务点设置的多种方案，下一步需要根据实际来进行研判和选择，尽快取得实际成果。

学院高度重视医疗服务点设置，做好师生的医疗保障，为师生学习、生活创造更好的环境，雷院长多次牵头与市卫生部门沟通协调，希望早日解决问题，确保全校师生健康安全。

二、与北京友道集团开展产学合作交流

10 日上午，北京智联友道科技有限公司董事长田荣华一行到访我院，雷晓锋院长及实训中心负责人出席并参加了交流会议。

友道集团专注于交通运输领域产学合作，依托产业与行业资源，已与 1500 余所院校开展具体合作，包括专业共建、实训基地建设、教学平台建设等。友道集团是全国职业院校技能大赛技术支持企业，协助第一届全国航空职业院校飞机维修技能大赛的举办。会上，双方就通用航空器维修实训基地建设项目交换了意见。雷院长对友道集团在航空类院校维修专业人才培养方面的技术支持表示肯定，并详细了解了飞机维修技能大赛的赛程规则、赛项内容、竞赛平台。

会后，双方前往大同市晋浩航空科技有限公司参观调研。大同市晋浩航空科技有限公司是山西省首家取得“航空器维修培训机构合格证”（CCAR－147 部）的单位。嘉宾一行参观了航空器实作区、特殊设备区、民航综合技能实训区等培训场地，并表示，目前国内专业的航空器维修人员的需求缺口巨大，希望大同晋浩与学院可以深入交流、优势互补，在通航机务维修专业实训、执照培训和考证培训方面加强合作，共

同推动我市通航产业的高质量发展。

三、实训中心教师参加实操培训，努力提高业务水平

11 日，实训中心全体教师参加了汽车检测与维修实训车间设备使用与维护的培训。汽车检测与维修实训车间内布置有专用举升机、轮胎动平衡机、综合分析仪、系统检测仪、大梁校正仪等25 套专业仪器设备。

当天上午，设备提供方的胡老师详细介绍了各个设备的使用、维护及安全注意事项。参与培训的教师在胡老师的指导下详细学习了各个设备的使用方法并进行了实操练习。由于培训内容繁多、培训时间有限，参与培训的教师用完午餐后立即投入下午的学习中。在下午的培训中，各位老师除掌握基本的设备使用方法外，还学习了各个设备的维护与保养方法，并排除了设备使用过程中可能出现的安全隐患。

通过此次培训，实训中心各位教师提高了汽车检测与维护方面相关的理论认识和实际操作水平，为后续实训工作的开展奠定了坚实的基础。

四、学生工作部组织辅导员心理教育培训学习，开展学生心理健康普查

本周，学生工作部开展辅导员心理教育培训学习，重点进行了中国大学生心理测评系统的使用学习。心理健康教师结合案例对该测评系统的使用方法进行了详细的讲解，使教师充分认识到开展学校心理健康教育需要教师自身的良好素质做基础，要以充分的知识储备为先导，肩负起关注并维护学生心理健康的责任。

五、学生工作部组织相关教师学习北航共青团建设经验

本周，组织相关教师学习《北京航空航天大学共青团改革实施方案》等团学改革、团建工作、党建工作相关文件，为我院共青团建设寻

找思路，学习方法。通过学习研究，教师们认识到学院要高度重视共青团工作，不断研究、加强指导，提升我院共青团组织的凝聚力。

六、学院教务工作有序开展

1. 完成我院第一批扩招学生资料的收集整理

报教育厅职成处高职扩招工作周进展情况，包括总体招生数据、考试招生情况、本周进展、教学组织形式等。

2. 完成职业教育活动周相关工作

教务处积极开展职业教育活动周宣传工作，设计完成了带有学院特色元素的活动周海报，并在学院大屏幕展示宣传。同时通过办公楼、报告厅正门顶的 LED 字幕进行活动主题和我院活动口号的滚动宣传，营造了活动氛围，让我院学生了解了此次活动周的主题，学习了相关活动精神，提升了劳动光荣、技能宝贵、创造伟大的时代风尚这一认同感。

3. 报送专业申报补充材料

补充 3 个新专业申请材料学科带头人部分的盖章，修改人工智能服务技术专业的人才培养方案，一并交送至山西工程职业技术学院。

4. 完成 2021 年报刊订购工作

通过征集全校师生所需报刊类书籍的具体信息，现共订购报刊 58 种，61 份/期。

5. 完成教育统计教务处需填写信息第一版相关工作

完成全院关于学生和教师信息的统计共计 16 张表格的填报。

七、颁布学院禁烟管理办法，加强校园文明建设

本周，拟定并颁布《山西通用航空职业技术学院禁烟管理办法》，组织召开校园禁烟学生管理大会。学院通过制订切实可行的禁烟规定，加强烟草危害宣传，对学生禁烟积极引导，以教育疏导为主，同时教职

员工率先垂范，带头戒烟，使学院真正承担起教书育人、社会主义精神文明建设任务，成为禁烟主战场和主力军。

八、筹建各类校级学生组织，丰富学生课余生活

本周，起草修改《山西通用航空职业技术学院招聘学生会筹建组人员的通知》《山西通用航空职业技术学院关于申请成立各类学生社团的通知》等相关文件；筹划国旗护卫队、礼仪队等各类校级学生组织建设工作。学生组织是学生自我教育、自我管理、自我服务的主要组织载体，是校园文化建设的重要载体，学院将大力引导、扶持、促进其健康发展。

九、学院开展各类知识讲座，组织学生演讲比赛

“平安校园”健康知识讲座

11 日，在学院报告厅举办“平安校园”健康知识讲座、“防范电信诈骗、禁毒”专题知识讲座，全体教职工及在校学生参加讲座。讲座分为四大部分：人员意外晕倒急救知识（院外 CPR 心肺复苏术）；季节性

传染病、流行性疾病预防知识；教职工职业健康知识；心理健康素养、开展心理健康“四进”活动。主讲人用图文并茂的课件、生动典型的案例和通俗易懂的语言细致讲解，穿插了丰富有趣的互动和体验环节，现场气氛十分活跃，大家纷纷表示收获颇丰。

同时，启动以“传承红色基因，汇聚青春力量”为主题的演讲比赛，本周进行了班级初赛。

十、提升学生管理工作水平，保障各项制度落实落细

1. 11 月 10 日下午，在办公楼 10 层会议室，召开了学生管理三线融合大会。学业导师、辅导员、教官共 44 人以及学生处的其他老师参加了会议。学生工作部负责人曹永明对《山西通用航空职业技术学院三线融合学生教育管理实施方案（试行)》进行了解释，希望通过大家联手，将学生管理工作提升到新的高度。

2. 完成在校生家庭经济情况录入，构建贫困生库。

3. 举行学生宿舍卫生评比活动。

十一、陆续发放教师办公用品

本着厉行节约、保障供应的原则，学院各部门陆续按标准领用办公用品。

2020 年办学工作简报第十四期：媒体参访·座谈会·下雪了

2020 年 11 月 16 日—22 日，雷晓锋院长主持召开学生、教师座谈会，听取师生开学以来的体会、遇到的问题及意见建议，搭建沟通了解平台，坚持将育人和管理有机结合，师生携手，共担学院发展大任。同时，学院对外交流、学生管理、校园文化建设等方面工作也有序推进。

一、全国网络媒体山西行媒体团来我院参观采访

山西行媒体团来院参观

19 日，第十五届全国网络媒体山西行媒体团来访我院，雷晓锋院长亲切接待，带领媒体团参观了学院报告厅、实训室、图书馆，为记者们介绍了学院建设发展、学生实习实训、产学合作等方面的情况。

雷院长带领媒体团一行重点参观了我院飞行模拟驾驶实训室、现代航空物流实训室、空中乘务实训室以及无人机操作实训室。在飞行模拟驾驶实训室，记者们争先体验了 3D 动感飞行驾驶，亲身感受翱翔蓝天的震撼。在无人机操作实训室，记者们在雷院长的指导下实际操作了无人机的模拟飞行。随后，记者们参观了图书馆，雷院长介绍了图书馆建设管理情况及馆藏布局。媒体团对我院整洁温馨的图书馆、优秀的硬件教学设施及颇具特色的专业设置连连称赞。

山西行媒体团来院参观

作为山西省唯一一所通用航空领域的高等职业技术学院，学院各部门人员在做好每一次来访接待的同时，积极完善学院文化建设、实训室建设，着力培养航空产业高素质技术技能型人才，助力学院成为我省通航领域的“人才摇篮”。

二、学院召开学生代表座谈会

17 日晚，雷晓锋院长主持召开座谈会，与 10 位学生代表面对面座谈交流，就学生入学一个多月以来学习、生活体会以及遇到的问题深入交流，并听取学生对学院管理、服务、育人等方面的意见和建议，对同学们提出的问题逐一进行了现场解答。

学生代表座谈会

座谈会上，学生代表结合班级同学的意见和个人感受踊跃发言。在肯定学院的各项工作和老师们辛勤付出的同时，也提出了一些中肯意见和建议，主要集中在三个方面：一是同学们普遍基础较弱，高数、英语、专业课较难，学习上缺乏积极性和主动性，希望学院大力加强学风建设，严格课堂管理，针对学生特点多开展学习帮扶活动；做好学业困难和学业习惯差的学生的思想工作，帮助他们树立学习信心，养成良好的学习习惯。二是希望创办社团等学生组织，学院在场地使用和经费上给予支持，丰富同学们的课余生活。三是同学们认为学院环境好、住宿条件好，但是个别同学缺乏自律与良好的生活习惯，乱丢垃圾；

食堂饮食单调，窗口少，排队时间长，希望学院不断完善生活方面的保障。

雷晓锋院长在听取同学们的发言后指出，同学们观察问题细致，充分展示了主人翁精神，同学们热爱校园，热爱老师的真挚情感令人感动。作为学院首届新生，同学们整体积极向上，精气神十足，师生互动良好，体现出学院强大的生命力，为学院注入了蓬勃向上的朝气。同时，同学们提出的问题也反映了学院在管理、服务、育人等方面仍有待进一步加强，学院各项工作还有待进一步提高。

最后雷院长表示，对于同学们提出的问题，我们师生要共同努力，尤其是同学们要积极参与，自我教育、自我管理、自我服务，学生干部要提高领导力，参与民主管理，发挥桥梁和纽带作用，讲求解决问题的方式方法，师生携手，共担学院发展大任。

三、学院召开教师代表座谈会

教师代表座谈会

18 日，雷院长主持召开教师座谈会，教务处负责人及 15 名各科教师代表和 6 名系部教学秘书参加会议。座谈会上，老师们积极发言、热烈讨论，针对教学管理、教学实施情况、教学设施建设、教学改革、学生管理、学风建设、校园管理等诸多方面存在的问题、困难以及工作经验，发表了自己的看法，并提出了意见建议。

雷院长在认真听取教师发言后，针对会议中提到的各方面问题逐一梳理，带领大家剖析原因，从解读学生反馈、具体操作方法、教学规范完善三个大方向提出了建设性意见，并分享了个人的工作经验和教育理念，令参会教师受益匪浅。

雷院长强调，此次教学座谈会意义重大，会上涉及的教学日常管理、教学质量提升、基础设施建设等方面的重要问题事关学院的建设和发展，一定要引起大家重视，并将改进方法加以贯彻落实。学院也会在制度上、管理上、政策上采取有力措施加快发展，同时各位教师要积极提升自己，大家通力协作，协调解决各种问题，确保我院教学工作不断向前推进。

四、教务处组织召开学院第二次全体教师教学工作会议

18 日，学院召开第二次全体教师教学工作会议，会议由教务处负责人纪晓平主持。会议从我院开学以来教学过程中发现的问题、教学管理中有待改进的方面、教学方法提升、下一步教学工作等方面进行了总结分析和安排部署，助推我院教学工作向更好的方向发展。

五、实训中心选派教师参加专项培训

本周周一至周三，实训中心选派杨凌霄老师前往太原参加由山西省教育厅组织的山西省高职院校教师专项培训（实习实训）。本次培训内容包括职业院校实训教学方案制定的流程与分析、职业院校校内外实训基地建设的困境和对策、职业院校实训教师培养的困境和路径等课程。杨老师学习归来后与处室人员分享了培训心得，并与大家交流了我院实训中心建设规划、实训课程设置、实习就业等方面问题。

此次培训学习提高了实训处教师在职业院校实训工作方面的理论认

识，激发了年轻教师从事实训教学的热情。学习的关键在于为所用，今后，实训中心将结合实际情况，以问题为导向，认真梳理工作思路，不断探索新发展路径，努力在提高实训教学、学生实习、就业质量等方面做出新的更大贡献。

六、学生工作部不断规范校园行为、学生管理

1. 学生工作部召开全体学生干部大会

17 日晚，学工部组织召开了全院班干部大会。对学生开学以来的生活学习状况进行了总结，就“五早”的落实、禁烟事项、宿舍卫生管理等方面的情况进行了通报。并对学生手册的学习、社会主义核心价值观基本内容的背诵等相关事宜进行了安排。再一次明确了班干部的职责，做到督查要随时、执行要准时、报告要及时、落实要按时。

通过召开本次班干部大会，各班班委明确了班干部在班级建设中的重要作用，既要以身作则，做好先锋模范带头作用，又要及时督促，促进良好班风形成，增强集体的组织性、纪律性和进取心，凝聚班级力量，养成班级成员自律向上的学习生活习惯。

2. 制定校园突发事件应急预案

本周，学工部就学生在校期间发生的各类突发事件的处理方式与流程汇编了应急预案，明确了当学生发生意外伤害、失联失踪、肢体冲突等突发事件时，应急组织和人员的职责分工，以及具体的落实措施。预案的制定有利于学院对突发事件及时作出响应和处置，避免突发事件扩展或升级，最大限度地降低突发事件造成的损失，提高全校人员居安思危、防范风险的意识。

3. 制定扫雪方案，组织师生清扫校园积雪

为了给我院师生创造安全出行环境，学工部于 22 日组织了义务扫雪活动。活动中，志愿者怀揣奉献精神，热情高涨，呈现出热火朝天的

扫雪场面。本次志愿扫雪活动得到了全院师生的肯定与赞扬，彰显了我院学生吃苦耐劳、不怕严寒及“奉献友爱，团结互助”的精神。

师生扫雪

七、学生工作部加强学生思想教育及心理健康教育

1. 组织学生参加军事理论课。18 日，雷晓锋院长在报告厅给 2020 级新生讲授军事理论课。这堂军事理论课以习近平总体国家安全观视域下的国家安全形势为主题，雷院长首先给学生讲解最近国内国际形势，重点分析讲解十九届五中全会和美国大选。随后，雷院长围绕影响我国国家安全的传统安全和新型安全问题展开阐述。院长的讲解引经据典、生动翔实，使学生深刻理解了我国的国际地位和对外关系。最后，院长从家国关系方面提出要求，希望每一位同学能够恪守国家安全底线，遵守国家法律法规和学院各项规章制度，从小处着手，以实际行动维护国家安全。

2. 开展校园安全教育。加强大功率电器（超过 200W）管理，提示学生不要喂养流浪猫狗，避免校园内出现大量的流浪猫狗，影响学校正常秩序，产生潜在的安全隐患。

3. 安排落实主题班会，本周的主题是“消防安全”和“禁烟行动”。

4. 关注学生心理健康，总结心理测查结果，与重点关注学生谈话，排查心理问题。

八、学生工作部组织学生演讲比赛复赛，并推进校级学生组织建设

1. 组织举办“传承红色基因，汇聚青春力量”演讲比赛复赛，筹备主题演讲比赛的决赛及荣誉证书、奖品设置等工作。

辅导员联系学业导师分别组织举办“传承红色基因，汇聚青春力量”演讲比赛复赛，在各系的复赛中，每一位选手的演讲都铿锵有力、充满激情，结合 PPT、音乐等形式展现了山航学子的家国情怀。经过激烈角逐、层层选拔，最终三个系部共选出 12 名优秀选手参加总决赛。

2. 发布校国旗护卫队、礼仪队纳新通知，进行纳新及组织相关工作，对学生舞蹈、音乐等兴趣小组活动场地需求进行汇总。学工部利用周二至周五课余时间分批次面试报名学生，完成纳新工作。最终国旗护卫队共选出65名成员，礼仪队共选出23名成员，下一步将通过培训确定最终人选。

九、2020级第一批扩招学生录取完成

总体招生数据：共计招生232人，其中男生230人，女生2人。各专业招生数据如下表：

专业	招生人数
航空地面设备维修	5人
民航运输	4人
通用航空航务技术	11人
通用航空器维修	7人
无人机	205人

十、学院各部门协调完善学生档案，目前核对整理数量过半

本周，核对整理学生档案完成总数三分之二左右，工作内容包括检查核对已有档案，放入学生带来的高中档案等，核对完成后存放档案室。

十一、图书馆图书正式开始开放外借

本周开始，图书馆图书正式开始开放外借，自助借书系统开放运行，方便教职工和学生借阅，满足阅读需求。

十二、学院各部门完成2021年度部门预算

本周，财务处汇总各部门2021年度预算，形成了学院部门预算初

稿，待下一步报市政府批复。

十三、后勤处开展报告厅设备应用培训

本周，后勤处组织相关教师进行报告厅设备应用培训，让各位老师全面了解多功能报告厅的各项功能；同时掌握各种设备的基本操作，提高报告厅使用的安全性和规范性。

2020年办学工作简报第十五期：学习贯彻党的十九届五中全会精神

2020年11月23日—29日，学院召开学习贯彻党的十九届五中全会精神报告会。雷晓锋院长传达学习贯彻全会精神，部署学习宣传和贯彻落实工作，并结合自身工作经验和教育理念分享学习心得，对学院发展提出了长期规划。本周，学院教务、学生活动、学生管理等方面的工作也有序推进。

雷晓锋院长传达党的十九届五中全会精神

一、举办学习贯彻党的十九届五中全会精神报告会

25 日下午，我院举办学习贯彻党的十九届五中全会精神报告会，雷晓锋院长出席并主讲，学院各部门负责人及全院教师参加。

报告会上，雷院长首先分析了最近国内国际形势，随后重点围绕《中共中央关于制定国民经济和社会发展第十四个五年规划和二〇三五年远景目标的建议》、我国通航产业发展现状、山西通航产业发展情况、我院发展规划等四个方面，做了细致分析和深入阐释。

雷院长强调，“建议”涵盖内容广泛，我们要把握关键环节，聚焦重点领域，关注教育、人才、体育、交通相关方针政策，办出学院特色，切实与通航产业需求相适应，使学院建设与产业发展同频共振。我国通航产业发展与发达国家还有很大差距，缺乏顶层设计，基础薄弱，通航机场建设质量不高，产业结构不合理，企业缺乏融合，经济贡献率低。但是挑战与机遇并存，通航产业在民众消费、短途运输、低空旅游等方面发展潜力巨大。山西省发展通航产业有政策支持，并且有优越的地理条件，随着投入的增加，长效支持机制的建立，通航产业一定大有可为。

雷院长表示，结合时代特点，学院将以“通航 +”为发展战略，围绕通航特色，结合具体课程，重点建设 4 个主要专业群、50 家校企合作群，发挥集群效应。希望教师选择自身发展通道，加强专业素养、职业操守，注重细节，脚踏实地，促使学院发展步入“快车道”。

二、教务处组织召开学院第四次教师教学工作会议

25 日下午，教务处组织召开了学院第四次教师教学工作会议，教务处负责人及全体代课教师、学业导师、教学秘书参加会议。

会上无人机应用工程系的学业导师们依次发言，回顾了本学期各自班级学风、班风建设状况，分享了各自的工作经验，指出目前在学风建

设中存在的问题，并从改进措施和未来工作方向两个方面做出规划。

学业导师发言结束后，教务处王强老师进行了班风学风建设的专题培训。培训从高职院校肩负为社会培养和输送合格高技能应用型人才的使命出发，阐述了高职院校良好班风学风建设的重要性、紧迫性和必要性，深入介绍了营造良好班风学风的方法和措施，为老师们提升班风学风建设能力提出了建议。

最后，教务处负责人纪晓平老师进行了总结发言：希望大家充分认识良好学风班风建设在学生校内学习期间的重要性，要不断提高自身的工作和管理水平，加强相互交流学习，看齐先进工作方法，为进一步推进学院学风建设而努力。

三、实训中心设备验收工作圆满结束

27日，经院长办公会同意，实训中心圆满完成了学院机械制图实验室、金工实训室、钳工实训室、设备检测与维修实训室的验收工作。

按照学院办公会的统一安排，实训中心高度重视此次验收工作，验收工作开始前，准备了详细的验收资料，邀请了山西大同大学、大同煤炭职业技术学院的多位专家进行项目审核，并召集专家、建设单位、承建方共同召开了验收专家组会议。验收专家组通过对项目相关资料的审核，对承建方提供的所有产品实地核对，对产品实现的功能、性能进行检查和分析，一致认为项目建设达到了合同、设计要求，验收通过。最后，为使项目建设能更好地为使用单位服务，充分发挥其作用，专家建议承建方加强项目的运行维护、用户培训，做好后期的技术支持工作。

实训室是重要的教学实践场所，本批次实训室的顺利验收，保障了学院后续教学工作的顺利开展。实训中心在接收相关实训室后，将严格按照实训室管理有关规定，维护好实训室设备的正常运行，做好运行、维护、消防安全等工作，坚持“以学为本，为学服务”，达到切实提升学院人才培养能力的目标。

四、举办“传承红色基因，汇聚青春力量”主题演讲比赛决赛

25 日，学工部在报告厅组织举办了“传承红色基因，汇聚青春力量”主题演讲比赛决赛。这次活动正值抗美援朝出国作战 70 周年，比赛围绕“红色基因”以及习近平总书记在抗美援朝出国作战 70 周年大会上的重要讲话开展，旨在激发同学们的爱国热情，表现大学生应有的使命感与责任感。

“传承红色基因，汇聚青春力量”主题演讲比赛总决赛

台上的演讲精彩纷呈，各位选手倾情讲述如何把“传承红色基因”融入自己的大学生活，为实现中华民族伟大复兴贡献自己的青春力量。台上选手声情并茂，台下同学们聚精会神。经过同学们一番激情洋溢的演讲，评委们评出了本次演讲比赛的获奖选手，各处室负责人作为颁奖

嘉宾为获奖同学颁发证书以及奖品。本次活动的开展使每一位学生深刻体会到，作为一名当代大学生，爱国热情不能被遗忘。同学们深入地学习、宣传和贯彻了习近平总书记在抗美援朝出国作战70周年大会上的重要讲话，激发了学生发奋学习、不懈奋斗的热情。我们相信，每个人心中的红色基因种子已经在心中的红色沃土里生根发芽，即将长成参天大树。

五、学生工作部不断规范学生管理工作，确保制度落实落细

1. 召开学生干部管理大会，会上部门负责人肯定了学生管理工作的初步成效；对参加扫雪的学生进行了表扬，强调学生们要增强公德心；对班干部值日提出了要求并分发值班牌。

2. 每周奖惩通报。自我院实行“五早”管理制度以来，为落实“五早”规定，激励学生养成积极自觉的学习态度，阳光向上的生活作风，每周定时对学生“五早”落实情况进行总结，对表现积极良好的优秀个人与团体做出公开表扬，同时对表现较差学生进行劝勉。

3. 组织学生完成学生证的填写、注册和盖章工作。

4. 指导学生填报全国学生资助管理信息系统的相关信息。

六、学生工作部持续加强学生思想教育及心理健康教育

1. 安排落实主题团会，本周的主题是“爱军拥军参军”，学习解放军发展历程，弘扬解放军光荣传统。

2. 完成山西省高校心理健康教育工作开展情况统计表，并递交给山西省教育厅，及时关注学生心理健康，与重点关注学生谈话，排查心理问题。

七、教务处向教育厅上报高职扩招工作进度

本周，教务处向教育厅职成处上报高职扩招工作进度，包括高考、

中职人数、夏季高考报名及录取人数、第一批扩招报名及录取人数、退役军人人数、企业职工人数等。更新2020级新生数据可视化分析，将扩招232人纳入统计。

八、高等学校教师资格测试报名工作顺利完成

本周，我院高等学校教师资格教育教学能力测试报名完成材料收集工作，报名工作顺利结束。

九、教务处完成相关教育统计工作

本周，教务处完成相关教育统计工作的材料收集、整理，汇总上报与图书馆相关的高等教育事业统计报表佐证资料，包括图书明细、出入库单、馆藏学科类目统计等。

十、后勤处全力保障学校冬季供暖工作

本周，针对学院教师公寓供热不足问题，后勤部门积极协调相关检测、维修部门，上门测温，检修优化，及时沟通，立查立改，教师公寓供热基本达标。

十一、新开设代发工资账户

本周，我院新开设了代发工资账户，同时新生奖学金已完成发放。

2020年办学工作简报第十六期：纪念“一二·九”爱国运动85周年

2020年11月30日—12月6日，学院重点开展了学习宣传贯彻党的十九届五中全会精神校园宣传教育活动，积极培育和践行社会主义核心价值观，弘扬爱国主义精神，整体氛围布置凸显思想性与实践性，成为学院思政教育的新亮点。同时，学院学生管理、教务教学等方面的工作也有序开展。

一、成功举办纪念“一二·九”爱国运动85周年暨阳光校园体育冬季长跑活动

5日，我院举办纪念“一二·九”爱国运动85周年暨阳光校园体育冬季长跑活动。该活动旨在弘扬爱国主义精神，培养青年学生的历史责任感、使命感和高尚的道德情操，增强大学生的责任意识。雷晓锋院长、学院各部门负责人以及全院师生参加活动。活动分为校园慢跑与长跑接力赛两部分。

由雷院长领跑的校园慢跑活动场面浩大，旌旗飘飘，师生一心，每一位师生都把自己的深深爱国情、浓浓爱国心化为脚下奋进的步伐。第二部分举行长跑接力赛，参赛学生神采飞扬，健步如飞，赛出了水平，赛出了友谊。寒露挡不住行健的身影，寒风吹不灭涌动的热情。我们

牢记前辈为争得民族独立和解放而前仆后继、百折不挠的斗争史，我们用坚定步伐，接棒前辈的爱国壮举，用顽强意志传承先烈的爱国基因。

纪念“一二·九”爱国运动85周年暨阳光校园体育冬季长跑活动

此次活动以慢跑和接力赛的形式纪念伟大的“一二·九”爱国运动，铭记历史的最好方式就是前事不忘，后事之师。本次活动进一步激发了广大青年学生投身社会、报效祖国，实现中华民族伟大复兴的热情，增强我校学子的爱国情怀，永做新时代的奋斗者。

二、学院开展多种形式的校园宣传教育活动

本周，全院组织了学习宣传贯彻党的十九届五中全会精神、纪念第

七个国家宪法日、世界艾滋病日等大型校园宣传活动，宣传方式包括张贴海报、展板、刀旗、横幅及召开主题团会等。

本次活动着重宣传了我党领导下的“十三五”时期取得的重大突破、进展与成果；习近平总书记在第三十六个教师节的重要讲话中“为党育人，为国育才”的重要指示；党提出的“新时代高校思想教育”措施与意见。同时结合我院办学育人宗旨，对职业教育、工匠精神和省、市各级领导对我院的殷切关怀进行了宣传。

本次校园宣传教育活动，全院师生充分学习了党的十九届五中全会精神。这是学院思想教育的新成绩，对于全院上下统一思想提高认识有明确的导向作用。

三、学工部组织奖助管理系统学习

本周，学工部集体学习奖助管理系统，即奖、助、军、基四大系统，并对接山西省教育资助与保障中心，完成我院 2020 年度应征入伍服兵役高等学校学生国家教育资助材料的整理工作。

四、辅导员组织召开班级管理委员会会议

本周，辅导员组织召开班级管理委员会会议，对大班整体情况和班干部整体情况进行摸查，针对性地布置了大班近期工作任务，以及元旦晚会前期节目筛选任务。

五、教务处开展本学期期末考试相关准备工作

本周，教务处着手开展本学期期末考试准备工作，制订并下发期末考试标准及考察要求，本学期考试试卷将于 12 月 15 日前审核完毕，考查周定为 12 月 21 日—25 日，考试周定为 12 月 28 日—31 日。

六、教务处继续完备高职扩招相关工作

1. 我院扩招新生的录取材料（包括考生报考登记表、成绩与志愿信

息表、体检表）完成打印归档。

2. 第二次高职扩招工作方案及招生简章完成撰写工作。

七、实训中心优化实训场地布局，营造优美育人环境

为了使实训室布局更加合理，便于实训教学活动的开展，本周实训中心顺利完成了对无人机模拟飞行实训室、无人机室内飞行实训室、无人机组装调试实训室、飞行模拟驾驶实训室及空中乘务实训室实训场地的优化布置。经布局设计、室内文化墙设计、方案实施、美化亮化，完成了实训环境的升级。重新布置后的各实训室功能区分合理、场地干净整洁、规章制度明确，同时，实训室文化建设的进一步提升，为学院创造了更加优美的育人环境。

八、学工部组织学生开展校园清雪活动

4 日，学工部组织维修系学生开展校园清雪活动，为广大师生提供更加便利、安全、洁净、和谐的校园环境。

2020 年办学工作简报第十七期：理论学习 · 能力提升

2020 年 12 月 7 日—13 日，市委教育工委宣讲团成员、市教育局党组成员、副局长孙朝来我院宣讲党的十九届五中全会精神，重点结合大同市教育实际以及通航产业发展进行针对性讲解，激励我院教师不忘初心，牢记使命，培养一流通航人才。本周，学院学生管理、学生活动、教务等方面工作也有序推进。

一、举办学习贯彻党的十九届五中全会精神报告会

9 日下午，我院举办学习贯彻党的十九届五中全会精神报告会，由市委教育工委宣讲团成员、市教育局党组成员、副局长孙朝主讲，雷晓锋院长、我院各部门负责人及全体教师参加学习。

宣讲中，孙朝围绕党的十九届五中全会的意义、《中共中央关于制定国民经济和社会发展第十四个五年规划和二〇三五年远景目标的建议》起草过程、主要内容和重大部署等方面，结合建设高质量教育体系以及大同市教育实际，对全会精神进行了全面宣讲和深入阐释。

雷晓锋院长在总结讲话中强调，希望全院教师要以全会精神为指导，把个人发展、岗位职责摆进去，牢记“为党育人，为国育才”使命，使全会精神真正内化于心、外化于行，为山西通航人才培养

做出贡献。

二、学工部派员参加2020年度山西省教育资助调研工作座谈会

11日上午，在大同大学行知楼14层会议室召开了2020年度山西省教育资助调研工作座谈会，山西省教育厅资助与保障中心主任孙祥林主持会议，我院学生资助管理负责人参加会议。

孙祥林表示学生资助工作是民生工程，一定要提高工作认识，完善工作制度，市县区教育部门要健全机构、配齐队伍、规范管理，要通过听取汇报、互通有无、分享经验等方式取得调研结果，及时发现问题，找到解决办法，共同完成好学生助贷工作。他还对资助工作提出具体要求，并安排下一步工作。参会人员通过汇报交流，结合各自承担的工作任务，现场提出需要解决的问题并给出意见建议。

我院学工部高度重视学生资助工作，多次组织相关教师学习奖助管理系统，灵活运用。本周，完成在全国学生资助管理系统内我院2020级学生信息的录入，包括在校学生信息表、家庭经济信息表和困难学生认定管理表，学生资助工作取得良好进展。

三、教务处组织参加全省教育系统冬春季新冠疫情防控视频会议

11日，省教育厅召开专题视频会议，深入贯彻落实省委疫情防控领导小组专题会议精神和省领导批示要求，对全省教育系统冬春季新冠疫情防控工作进行安排部署。

四、我院2021元旦晚会完成节目初选

9日，在学院报告厅举行了2021年元旦文艺晚会的节目初选。学生们深度挖掘青春之声，以不同的节目形式展现了当代大学生的青春力量，同学们展现出的饱满热情表达了对母校和祖国的热爱与赞美。同

时，遴选了 28 名学生加入 2021 年元旦文艺晚会的场务工作组，为接下来的元旦文艺晚会和各轮排练安排做好保障工作。

五、辅导员组织班团会，落实学院管理规定

本周班会内容：新冠疫情防疫知识学习；我院防疫要求；上周工作总结（“五早”情况，晚自习出勤情况等）。

本周团会主题：学习习近平总书记在全国抗击新冠肺炎疫情表彰大会上的讲话，观看《武汉战疫记》纪录片；学期末将近，与部分学生谈心，了解学生课程学习与复习状况，帮助学生调整心态，端正学习态度，要将晚自习与“学习互助小组”继续执行下去。

六、教务处制定高职扩招教育教学管理办法

本周，教务处撰写高职扩招教育教学管理办法，提交高职扩招工作周报，并完成山西省教育厅关于全省职业教育对外合作项目平台的注册。

七、我院 2022 年北京冬奥会志愿者招募开始报名

学工部组织北京冬奥会志愿者报名，并撰写山西通用航空职业技术学院北京冬奥会志愿者申请指导。

八、我院组织学生观看爱国影片

为纪念我国第七个国家公祭日，加强爱国主义教育，弘扬爱国主义精神，学工部协调组织在校学生观看爱国主义教育影片《南京！南京！》。

九、学院完成税务登记工作并办理财政电子票据

本周，我院办理了财政电子票据并完成所有学生学费、住宿费及代

收费的开票工作，同时，完成了学院税务登记工作。

十、后勤处完成学院各办公室窗帘安装工作

为改善办公环境，本周后勤处协调组织工人为学院各办公室安装窗帘。

2020年办学工作简报第十八期：理论学习·通用机场

2020年12月14日—20日，大同市委机构编制委员会办公室李海亮副主任来我院宣讲党的十九届五中全会精神，分析了在社会主要矛盾转化视角下，我们要扎实推动工作，扑下身子，刻苦学习，为学院发展引好路，开好局。本周，学院接待来访、学生管理、教务、人事等方面工作也有序推进。

大同市委机构编制委员会办公室李海亮副主任在我院宣讲党的十九届五中全会精神

一、举办学习贯彻党的十九届五中全会精神报告会

16 日下午，我院举办第三场学习贯彻党的十九届五中全会精神报告会，由山西省作家协会会员、大同市委机构编制委员会办公室副主任李海亮主讲；雷晓锋院长、我院各部门负责人及全体教师参加学习。

宣讲中，李海亮围绕正确认识社会主要矛盾转化，做有理想有担当的建设者这一主题，从我国社会主要矛盾转化依据、如何理解不平衡不充分现状、社会矛盾转化的意义、推动工作的方法等方面，结合我院发展特点及现状，对全会精神进行了全面宣讲和深入阐释。

雷晓锋院长在总结讲话中强调，希望全院教师要以全会精神为指导，深刻领悟全会精神，做好学、讲、化、用，奋力拼搏，立宏图大志，共建学院美好未来！

二、参加首届全国通用机场与城市发展论坛

17 日，首届全国通用机场与城市发展论坛在大同隆重举行，雷晓锋院长在论坛上做学院推介主题演讲，受到与会代表一致好评。

作为首个全国通用机场与城市发展领域的专项会议，本届论坛聚焦探索大同通用航空产业发展示范市建设路径，以“交流、创新、共赢”为主题，围绕“航空产业基础设施建设趋势与发展思考”等议题展开专题演讲和讨论。

我院作为协办单位，积极准备参会材料，制作 PPT，组织相关教师参加论坛，参会教师表示，此次论坛拓宽了眼界，对通用航空产业有了更加深入的了解，并且对学院发展战略有了清晰的认识，对学院未来发展充满信心，力争为行业发展做出贡献。

三、首届全国通用机场与城市发展论坛参会代表来我院实训中心参观交流

18 日上午，首届全国通用机场与城市发展论坛参会嘉宾来我院实训中心参观交流，雷晓锋院长亲自讲解并接待。

接到参观通知后，实训中心积极做好参观准备，相关实训室场地干净整洁，实训功能区分合理。来自中国民用航空局、应急管理部、媒体记者等共计 120 余人先后参观了飞行模拟驾驶实训室、无人机模拟飞行实训室、无人机室内飞行实训室、无人机组装调试实训室、空中乘务实训室。嘉宾们对实训中心整洁有序的实训场地以及先进的教学设施称赞不已。

四、学工部完成 2020 年秋季学期国家助学金评定工作

17 日，我院收到省资助管理中心发来的 2020 年秋季学期国家助学金评选通知，学工部在立即启动国家助学金评定工作，各班召开班会，完成了此次国家助学金评定工作。

学工部高度重视学生资助工作，不断优化工作流程。本周，在全国学生资助管理系统中更新了 10 名学生的家庭经济信息和困难认定等级，并为吴 × ×、郝 × ×、王 × 这 3 名家庭特别困难的学生发放临时生活补贴，表达学院对家庭困难学生的关怀，发挥好资助育人的效果，激励学生努力完成学业，成长成才。

五、我院高等学校教师资格考试顺利完成

18 日，教务处组织完成了教师岗前培训的上机考试，前期，督促报名老师按时打印准考证，协同实训处一起调试考试电脑，保证所有参考教师均正常参加，并及时上交考务组考场情况清单。

六、教务处完成期末考试准备工作

本周，拟定学期末所有课程考察考试工作方案，考察课在本周全部

结课，12 月 25 日、28 日、30 日和 1 月 4 日分别进行考试课考试。以随机乱序的方式排定了所有在校学生的考场座次，确定了监考教师监考场次，安排完成考场分布并做好分布示意图，打印学生考场座签，审定考试试卷并进行印制准备。

七、辅导员组织班团会，做好期末各项安排

本周班会内容：安排学生做好期末复习工作；进行上周工作总结。

本周团会内容：学习“红船精神”，观看纪录片《不忘初心，继续前进》《第一书记》等。

同时，组织学生进行元旦晚会语言类节目第二次选拔；收集学生家庭所在地车站信息，保障学生在放假离校时能享受火车票优惠政策。

八、拟定 2021 年学院招聘公告

本周，教务处拟定学院 2021 招聘公告，完成人社局交办的相关人事表格制作工作，组织相关教师参加公务员系统的使用培训会议，学习上报人事年报以及台账表格，并现场完成学院领导干部信息年报工作。

九、我院第二批高职扩招工作持续推进

本周，教务处组织部分扩招考生参加笔试，安排所有扩招考生参加面试，整理考生笔试面试成绩，并核算最终成绩。同时完成每周上报教育厅职成处高职扩招周报进度工作。

十、我院图书馆数字阅览区投付使用，馆内各项工作有序开展

图书馆数字阅览区配置 25 台显示器，已全部安装管理和监控系统，上传校内人员数据，可实现账号密码登录。

图书馆完成常规工作的同时，还配合相关学生实训课程，分别于 12 月 9 日、11 日和 16 日配合完成学生劳动课实训，课堂上引导学生了解

图书馆设备使用方法，根据图书管理系统导出书目信息，分组完成全馆图书清点，并以书面形式留底。

十一、学院组织新生体检

15 日，后勤处、学工部共同合作，顺利开展 2020 级新生体检工作。

十二、后勤处完成学院各楼宇棉门帘安装工作

为做好冬季防寒工作，本周后勤处协调组织工人为学院各楼宇安装棉门帘。

2020 年办学工作简报第十九期：期末·诚信考试

2020 年 12 月 21 日—27 日，我院重点围绕学期末工作要求，合理安排考试相关工作，开展诚信教育，引导学生树立良好心态，积极备考；做好冬春疫情防控工作，严格落实各项防疫措施，保障师生生命健康安全。同时，学院学生管理、教务、人事等方面的工作也有序进行。

一、我院实训中心计算机类实训室验收工作圆满完成

21 日，经院长办公会同意，我院实训中心圆满完成了 8 间计算机实训室、6 间语音实训室、2 间智慧教室及 24 间多媒体教室的验收工作。

按照学院办公会的统一安排，实训中心高度重视此次验收工作，准备了详细的验收资料，邀请了来自山西大同大学、大同市高级技工学校的 3 位专家进行项目审核，并在验收开始前召集专家、建设单位、承建方共同召开了验收专家组会议。验收专家组经过对项目相关资料的审核，对承建方提供的所有产品实地核对，对产品实现的功能、性能进行检查和分析，认为项目建设基本达到了合同、设计要求，验收通过。最后，为使项目建设能更好地为使用单位服务，充分发挥其作用，专家建议承建方加强项目的运行维护、用户培训，做好后期的技术支持工作。

实训室是重要的教学实践场所，本批次实训室的顺利验收，保障了

学院后续教学工作的顺利开展。实训中心在接收相关实训室后，将严格按照实训室管理有关规定，维护好实训室设备的正常运行，做好运行、维护、消防安全等工作，坚持“以学为本，为学服务”，达到切实提升学院人才培养能力的目标。

二、实训中心完成“全国航空职业院校飞机维修技能大赛”竞赛组成员选拔工作

为进一步提升通用航空器维修专业建设和人才培养质量，以赛促教、以赛促学，我院积极响应由全国航空工业职业教育教学指导委员会举办的第一届“智联友道杯”全国航空职业院校飞机维修技能大赛。

确定参赛后，实训中心主动承担起竞赛组成员的选拔工作。面对大赛报名截止日期临近、毫无参赛经验的情况，实训中心各位老师积极着手策划选拔方案，本着“结合实际，客观公正”的原则，最终确定了包含笔试、实操、面试 3 个环节的选拔方案，全面考查学生的理论知识、动手能力、行为操守以及职业素质。22 日，共 17 名通用航空器维修专业学生报名参加了此次选拔。经过一下午的激烈角逐，最终 6 名表现优

“全国航空职业院校飞机维修技能大赛”竞赛组成员选拔

异的学生取得代表我院参赛的资格。

“全国航空职业院校飞机维修技能大赛”竞赛组成员选拔

“全国航空职业院校飞机维修技能大赛”是我院成立以来首次报名参加的第一个全国性技能比赛。下一步，实训中心将对参赛组成员进行专业的强化培训，力争在此次全国大赛中取得佳绩。

三、学工部完成2020年秋季学期国家助学金发放工作

本周，学工部完成2020年秋季学期国家助学金发放工作，指导学生填写助学金申请表，收集学生建行卡号及开户行信息，并要求学生核对相关信息，完成相关资料填写、整理、上报工作。

此次发放财政资金共拨付31.85万元。资助建档立卡困难学生共计72名，享受一档国家助学金，共计14.4万元；班级评议受助困难学生共计102名，平均每小班一档、二档、三档各一名，共计16.83万元；个别未受助困难学生民主评议受助学生共4名，二档两名，三档两名，共计5900元。合计受助学生178名，发放助学金31.82万元，结余300元。其中用于教育脱贫攻坚经费16.25万元，占比51%，资助90名困难学生。

“诚信考试”主题班会

四、辅导员组织召开“诚信考试”主题班会

本周，召开诚信考试主题班会，会上强调了考试纪律，学习《考试违规认定办法》，强调考试作弊后果，鼓励学生沉着应试，冷静答题，取得优异成绩。

五、教务处召开期末考试考务工作会议

24 日，教务处召开期末考试考务工作会议，安排本学期期末考试相关工作。同时，完成数学和英语考试准备工作，包括试卷印制、按考场分装密封试卷、安排考场、排贴学生座签、安排监考老师等。25 日，顺利完成数学考试工作。

六、学工部、后勤处共同搭建企业微信学生通讯录组织架构

本周，学工部、后勤处共同完成我院 2020 级全体学生企业微信中

通讯录组织架构搭建工作，组织并指导各班班长完成企业微信具体操作流程及管理的培训工作，建立各系部及各班学生企业微信管理小组，为学校完善疫情防控工作打好坚实基础，也为以后学校学生资料的信息化建设提供了基本保障。

七、学工部规范学生管理工作，确保制度落实落细

1. 本周，辅导员对学生宿舍进行卫生检查，总体卫生情况良好。

2. 辅导员传达学院疫情防控要求，加强对学生离校管理，完成确需离校学生的备案工作。

3. 完成学院学生证充磁与分发工作。

4. 配合杜庄乡派出所民警发放预防电信诈骗宣传资料，开展预防电信诈骗宣传活动。

八、教务处完成我院校园招聘计划书

我院校园招聘计划分两个部分进行：一是针对各个学校的专业有针对性地招聘；二是针对整个招聘的具体流程。同时，完成了南京航空航天大学的空中双选会的招聘预约，通过智联招聘平台预约南京航空航天大学的应届毕业生。

九、完成第一批扩招工作

本周，为第一批扩招学生发放通知书，完成第一批扩招学生分班，同时，上报 104 人扩招录取数据至省教育厅。

十、教务处启动 2020—2021 学年第二学期排课工作

本周，教务处进行 2020—2021 学年第二学期课程开设及教师情况梳理，初步开展排课工作。

十一、我院非税资金纳入市财政预算

本周，我院非税资金纳入市财政预算，学费、公寓费全部上缴专户。

十二、后勤处完成一批办公设备的采购

为满足办公需求，后勤处采购一批办公设备，本周全部到货。

2020年办学工作简报第二十期：新年假期·期末考试·谈心谈话

2020年12月28日—2021年1月3日，本着“关爱师生、守护校园”的原则，根据疫情防控要求，我院重点围绕元旦及寒假假期安排推进各项工作。

一、雷晓锋院长与青年教师谈心谈话

1日和2日，雷晓锋院长同我院青年教师进行谈心谈话，了解青年教师思想、工作动态以及生活情况和实际需求，及时为青年教师答疑解惑。雷院长针对教师及行政管理人员的发展方向、职业素养、能力提升、职业规划等方面情况进行了解读与答疑，同大家分享了自身职业发展历程及生活经验，激励各青年教师要做好个人发展规划，明确目标，踏实肯干，找准学习研究的目标和方向，坚持不懈，久久为功，利用好学院提供的发展平台，为学院建设贡献力量。

二、飞行模拟、航空物流、单片机实训室验收工作圆满完成

30日，经院长办公会同意，实训中心圆满完成了学院飞行模拟实训室、航空物流实训室和单片机实训室的验收工作。

按照学院办公会的统一安排，实训中心高度重视此次验收工作，准

备了详细的验收资料，邀请了山西大同大学的张景安教授、山西政采专家库专家张志坚老师，还特别邀请了大同轻型飞机有限公司的刘晓峰机长、贾伟飞行员。由多方专家组成的验收工作组同建设单位、承建方共同召开了验收专家组会议，集体对项目资料进行审核。随后专家们对承建方提供的所有产品实地核对，对产品实现的功能、性能进行检查和分析，一致认为项目建设基本达到了合同、设计要求，验收通过。为使项目建设能更好地为使用单位服务，充分发挥其作用，专家建议承建方加强项目的运行维护、用户培训，做好后期的技术支持工作。最后，刘晓峰机长建议在后期对模拟飞行器维护中增加有动力失速、无动力失速、失速改出等程序以及标准起落航线实施程序，以便更加真实地模拟执飞过程中出现的飞行情况。

实训室是重要的教学实践场所，本批次实训室的顺利验收，保障了学院后续教学工作的顺利开展。实训中心在接收相关实训室后，将严格按照实训室管理有关规定，维护好实训室设备的正常运行，做好运行、维护、消防安全等工作，坚持“以学为本，为学服务”，达到切实提升学院人才培养能力的目标。

三、学工部召开会议部署元旦放假及防疫相关事宜

本周，学工部召开全体会议，部署学生放假、学院疫情防控等事宜。为加强学生安全教育，会后，学工部教师深入学生宿舍对卖食品等一切经营行为进行劝阻，并在元旦前夕走进全部学生宿舍，强调宿舍用电安全、节日安全，提醒学生联欢有度，代表全校辅导员为学生送去新年祝福。

四、辅导员组织班团会安排期末工作

本周班会内容：班委工作总结；做好期末复习规划；学习学院疫情防控期间学生外出管理制度及要求。

本周团会内容：大学生目标及时间管理，观看北航相关视频。

同时，辅导员与学生进行谈心，了解学生的期末复习情况，告诫学生要端正态度，认真复习，文明考试，及时关注学生期末考试成绩，对考试失利的学生进行心理疏导，提醒学生认真准备后续考试。

五、我院各系部顺利完成专业课考试

本周，教务处完成全院各系部第一学期专业课考试准备、组织、实施等相关工作，包括试卷印制、按考场分装密封试卷、安排考场、排贴学生座签、安排监考老师、监考巡考等工作。

六、学工部加强学生管理工作，严格落实学院制度

1. 本周三，例行对学生公寓进行卫生检查，排查违规电器，告知学生要注意保持宿舍卫生整洁，注意用电安全。

2. 落实学院疫情防控要求，对元旦确需离校学生进行严格把关，并做好离校备案。

七、我院招生工作有序推进

本周，我院招生部门开展 2021 年第二届学生招生宣传准备工作，设计、制作招生宣传手册等，报教育厅职成处高职扩招工作周报，包括夏季高考报名、扩招报名、单招报名等数据，安排高职扩招学生课程表，并对扩招学生班主任开展教学软件使用、后台操作、课程直播等培训工作。

八、教务处完善外聘教师管理制度

教务处组织编写《山西通用航空职业技术学院外聘教师遴选及管理办法（试行）》初稿。

九、召开元旦假期安全工作专题会

本周，雷院长组织学院各部门召开元旦前安全工作专题会，对元旦假期期间的安全工作进行部署。会后检查指导后勤各服务单位的防疫、安全、消防等工作。

十、完成2020年度部门决算上报工作

本周，财务处完成2020年度学院各部门决算上报工作。

2021年办学工作简报第一期：年终总结

2021年1月4日—10日，我院各部门围绕学期末工作要求，认真做好部门工作总结及计划，开展多场述职报告会，落实人员年终考评工作，做好学生离校安排，确保学院第一学期工作圆满收官。

一、总结2020年度工作

本周，学院先后起草学院2020年工作总结暨2021年工作计划、制订高等职业教育质量年度报告以及学院2020年度考核优秀人员名单、假期值班安排及要求；与市发改委通航中心共建晋北低空飞行服务站有关事宜以及公务卡管理办法、2021年招生计划、学生寒假离校、人员招聘、教职工体检等。

二、学工部组织多场学生军事理论课

本周，我院聘请北京化工大学军事理论课教师张建、葛靖阳、赵金明、王尧、崔雷为学生讲授军事理论课。同学们在生动形象的课程中既丰富了国防知识，也坚定了保家卫国、报效祖国的决心与信心。同时，辅导员在本周完成本学期学生军事理论课成绩评定以及登记工作。

三、学工部召开全体学生疫情防控暨寒假工作会议

本周，学工部召开全体学生疫情防控暨寒假工作安排大会。辅导员召开本学期最后一次大班会，主题为“文明离校，安全假期”，强调疫情防控相关事宜，做好学生离校相关工作安排；针对个别班级举行的元旦联欢，做好安顿工作，强调娱乐适度；对本学期学生考试整体情况做分析总结。学生离校后，辅导员汇总学生离校备案表，统计学生到家情况。

四、财务处完成 2021 年预算项目的系统录入工作

本周，财务处通过预算一体化系统录入我院 2021 年预算项目，并申报缴纳了各类税费。同时，为全院教师办理公务卡，制定并发布了《山西通用航空职业技术学院公务卡管理办法》。

五、后勤处组织消防演练活动

本周，后勤处组织学院后勤保障部门开展校园消防演练，旨在提升学院应对突发事件的能力，增强人员消防安全意识，筑牢学院消防安全“防火墙”。

六、教务处组织举办系列专题讲座

一是邀请山西师范大学硕士研究生导师、二级心理学教授肖海雁主讲题为“阳光心态，快乐前行”的讲座。肖教授以生动幽默的语言、独特的视角、丰富的知识储备，讲述生活中常见的事例，分析了“压力无处不在，压力无时不在”的严峻现实。讲座中，肖教授从高校学生心理健康现状、心理压力源、阳光心态、快乐前行等方面阐述了学生群体保持心理健康的重要性，深刻剖析了现实生活中心理减压的典型案例与现象，诠释了心理健康与幸福人生的关系，并就如何缓解压力、过好校园

生活提出了独到建议。

二是邀请大同大学美术学院教师杨俊芳主讲题为“放飞梦想，天下大同”的专题讲座。杨老师的讲座寄托了她对同学们的殷切期望——在大同要做一个有涵养、懂大同的人，在学校要做一个有理想、肯吃苦奋斗的好学生。她希望同学们与书香为伴，与运动为伴，与艺术为伴，成为合格的通航人才。在讲座中，杨老师还穿插了提问互动环节以活跃讲座气氛；她把自己的几本书赠送给我校几名学生以示鼓励，并祝福大家拥有美好而精彩的未来。

2021年办学工作简报第二期：谋划2021

2021年1月11日—17日，学生放假离校，教师上班。学院在做好2020年工作总结的基础上，继续优化完善学院2021年工作计划，推进通航产教融合工作。具体如下。

1．优化2021年工作计划

考虑到学院为新办高校，2021年工作将极为繁重和繁杂，学院必须抓重点工作进行有针对性地推进，不能“眉毛胡子一把抓”。为此，结合省市两级相关部门的工作计划及学院实际情况，学院本周又召开了两次研讨会，对2021年重点工作及其可行性进行再讨论、再评估，基本确定学院2021年工作要点。

2．参加市通航产业工作协调会

15日上午，雷晓锋院长和实训中心负责人参加市发改委组织的通航产教融合协调会。会上，各通航企业汇报了近期产业发展和企业运行情况，学院重点汇报省级通航产教融合实训基地申报进展情况，市发改委有关负责人对2021年全市通航产业发展情况进行简要总结，对各单位做好2021年通航工作提出建议。

3. 优化省级通航产教融合实训基地申报方案

根据省级产教融合实训基地申报的要求，学院联合大同市通航产业投资集团有限公司、大同市通航产业园管理有限公司、华舰通航机场运营管理（大同）有限公司共同申报省级通航产教融合实训基地。考虑到申报方案的专业性要求，学院委托北航通航产业研究中心共同制定申报方案。经过多轮沟通研讨，本周，申报方案初稿基本完成。

山西通用航空职业技术学院
2020年办学工作总结

作为山西省第一所航空类高等院校，山西通用航空职业技术学院的建设和发展，是山西省委省政府、大同市委市政府深入贯彻落实习近平总书记视察山西重要讲话重要指示、切实推动转型发展，强力推进通航示范省、通航示范市建设的生动实践。在省市各级领导的大力支持下，学院于2020年5月11日取得教育部备案，10月9日首届新生入学报到，10月24日学院揭牌暨首届新生开学典礼隆重举行。省委常委、大同市委张吉福书记、吴伟副省长、吴俊清厅长、武宏文市长等省市领导出席仪式并为学院揭牌，标志着学院全面启动办学工作。现将2020年学院办学工作情况汇报如下。

一、提高站位，推动学院发展与高质量转型发展、通航示范省和通航示范市建设同频共振

1. 深入学习贯彻习近平总书记视察山西重要讲话重要指示，将学院筹建工作作为重大政治任务抓紧抓实

习近平总书记在2020年5月视察山西时，勉励山西在转型发展上率先蹚出一条新路来，乘势而上书写山西践行新时代中国特色社会主义的新篇章。习近平总书记的重要讲话重要指示，为山西未来发展指明了方

向。山西省委省政府坚决落实总书记的要求，以全国通航产业示范省建设为重要抓手，制定发展规划，加快产业布局，加快推进通航产业步入快车道。在山西省委省政府的大力支持下，大同市委市政府认真贯彻落实通航强省战略部署，把打造通航园区和筹建通航学院作为重大政治任务抓紧抓实，列为重点工程强力推进。2020 年 5 月 11 日教育部下发备案函件，标志着通航学院正式成立。

学院总占地面积556 亩，工程项目计划总投资14. 8 亿元，建筑总面积24. 4 万平方米。一期工程总投资8. 7 亿元，建筑面积12. 9 万平方米，现已投入使用，二期工程也已启动。

学院特聘吴光辉院士担任技术委员会主任、聘请北航原飞行学院院长雷晓锋担任院长。学院现有教职员工 81 人，其中专任教师 53 人，硕士（含）以上学历占比 90. 6%。此外，学院从北航等高校聘请教师 12 人，从大同轻飞、长鹰蜜蜂等企业聘请专业技术人员 6 人。

学院办学规模达 6000 人，重点布局无人机、航空维修、航空机务与运输、飞行技术、人工智能 5 个专业集群，形成比较完善的通用航空职业技术专业体系。学院 2020 年开设无人机应用技术、航空地面设备维修、通用航空航务技术、民航运输、直升机驾驶技术、航空器维修等 6 个专业。2021 年将增设空中乘务、民航安全技术管理、人工智能服务技术等 3 个专业。

2. 认真学习宣传贯彻党的十九届五中全会精神，正式开启学院“十四五”规划各项工作

党的十九届五中全会开启全面建设社会主义现代化国家的新征程，也为高等教育、职业教育和新兴产业发展指明新方向。学院班子成员认真学习党的十九届五中全会精神，积极参加省市各级部门的学习宣讲活动，并将每周三下午设置为“学习日”，邀请市教育局、市编办领导解读全会精神，院领导结合高等教育、通航产业发展与教职工一起研读学习，将办学思想和理念统一到中央精神上来，内化为办学的不竭动力。

未来5年，是学院建设和发展的关键5年。学院班子将制定学院“十四五”规划作为学院发展的首要大事，院领导先后赴西安航空职业技术学院、徐州航空基地等地调研，加强与中国通用航空发展协会等行业组织的互动，邀请北京航空航天大学、太原理工大学等高校的专家来校指导，逐步聚焦学院未来5年的发展目标、思路与理念、发展路径等，正式开启学院“十四五”规划各项工作。

二、攻坚克难，扎实推进学院前期筹备工作

大同市政府抽调教育系统精兵强将组建学院筹备工作组，扎实推进前期各项筹备工作。

1. 精心集聚资源，顺利通过省专家组办学评估

在市政府及市教育局等部门的大力协调支持下，筹备组同志们勇于担当，坚持学院办学导向，精心集聚各种办学资源，认真组织评估材料，确保学院顺利通过省专家组评估。2020年3月23日，省政府正式下发批复文件。

2. 优化办学条件，加快推进从“建设”向“使用”转变

从学院一期工程完工到具备师生入住基本条件，其间仍有大量工作需要完成。筹备组同志们克服各种困难，主动加强与建设单位的协调和沟通，从教学设施、图书馆图书与设备、实训室条件建设以及宿舍、食堂、超市等生活条件保障等各个方面，加快推进学院从工程建设向使用运行转变，为首届新生入学做好充分准备。

3. 多方协调联动，提早启动招生宣传工作

与省教育厅、省招生考试管理中心积极对接，就专业开设、招生录取等工作进行沟通，为后期学院的顺利招生铺好路。5月份以来，在市教育局的统筹安排和大力支持下，学院制定详细的招生宣传方案，先后启动一系列招生宣传活动，在大同市10个县区进行两轮地毯式的宣讲

活动，并组织单独招生面试工作，为后期招生工作顺利开展奠定了较好基础。

三、紧紧把握三项重点任务，初步构架学院健康快速发展的“四梁八柱”

在前期筹备工作的基础上，8月中旬以来，围绕“顺利寄出第一封通知书、顺利迎接首届新生入学、顺利开好第一堂课”这3件大事，学院发展进一步提速。

1. 建立基础制度体系，搭建学院发展的“四梁八柱”

以学生手册内容为核心，通过调研、借鉴北航、大同大学以及国内同类型高校的好经验、好做法，先后制定了学籍与教学管理、学生管理、财务、后勤保障与服务、招标采购、校园安全等相关制度30余项，初步搭建起学院运行和发展的基础制度体系，确保新生入学后学院运行有章可循、有据可依。

2. 强化顶层设计，初步谋划“通航报国”文化基础元素

学院初步确定教育部备案日期5月11日为校庆日，该日也是习近平总书记视察大同的日期。经过反复研讨，初步确定“明德弘毅、求是笃行”为学院校训。校名经授权使用著名书法家欧阳中石先生的相应字体。邀请北京的专家对学院的校徽和Ⅵ进行深化设计。整个校徽简洁灵动，既体现通航和航空特色，又体现大同地域特征。

同时，为了弘扬航空文化，加强校园文化建设，邀请北航宫浩钦副教授在学院举办“通航有梦 · 志在蓝天——宫浩钦航空绘画邀请展”，展览共展出航空绘画作品30余幅。

3. 优化招生策略与措施，提高招生宣传质量和扩大覆盖面

8月下旬，在前期大同市招生宣传的基础上，邀请北航飞院招生主管进行业务指导，组织20余名新入职教师紧急培训，借鉴北航招生过程中的好经验、好做法，赶赴山西省其余地级市开展为期1周的招生宣

传，收到较好效果。邀请北京的专家对通知书的样式进行迭代设计，对入学报到须知的内容，结合迎新场景和疫情防控要求，进行反复修改和调整。9 月 26 日，郭蕾副市长、雷晓锋院长一起送出学院办学历史上编号为 SGAP200001 号的第一封录取通知书，其他新生录取通知书也全部顺利寄出。截至 2020 年 12 月，学院共招生 1171 人，其中单独招生 276 人，对口升学招生 24 人，普通高考招生 535 人，扩招 336 人。

4. 加强关心关爱，组织好首届新生入学报到和开学典礼

学院践行关爱学生的理念，抽调 30 余名青年教师，建立起“我爱通航——师生心连心”工作小组，与每一位新生提前取得联系，沟通入学报到的情况，提前搭建起沟通的桥梁；邀请 60 余名新生作为志愿者提前报到，开展入学报到模拟演练，并践行“新生帮新生”的理念，帮助其他新生顺利报到；在大同市委市政府的大力协调下，学院揭牌暨首届新生开学典礼隆重举行。

5. 确定“十百千”人才发展战略，制定人才队伍建设方案

学院班子认真分析学院人才队伍现状，充分借鉴国内外同类型高校经验，提出“十百千”人才发展战略，并初步制定人才队伍建设方案，分两个阶段开展新入职教师培训。第一阶段到北航进行航空航天文化和认知的集中培训。第二阶段，依托清华大学雨课堂青年教师培训平台，开展教学能力方面的培训，并举办讲课比赛和交流分享。经过培训，全面提升教师“上好第一堂课”的基本能力。

6. 加强三线融合，初步构建学生思政教育与管理体系

结合高职院校学生特点，学院组建辅导员、班主任/学业导师、教官三支队伍，构建思想政治教育、班级学风建设和日常行为管理三线融合教育管理体系；以“五早”（早睡、早起、早锻炼、早餐、早读）为切入点，引导学生养成良好的学习生活习惯，并不断加强在校园控烟、校园安全、医疗急救与心理疏导等方面的工作。

7. 以申报省级通航产教融合实训基地为牵引，深化学院产教融合工作

学院将通航产教融合作为未来发展的重要策略和路径。在大同市政府的支持下，由学院牵头，联合大同市通航产业投资集团有限公司、大同市通航产业园管理有限公司、华舰通航机场运营管理（大同）有限公司共同申报省级通航产教融合实训基地，目前正在全力推进之中。学院通过产教融合、校企合作、校校联合等方式，与大同云冈机场、北岳机场、大同轻飞公司、大同长鹰蜜蜂飞机制造有限公司等15家企业签订合作发展协议，邀请企业共同参与专业建设和教学管理，多方位保障人才培养质量。

8. 以“关爱师生、守护校园”为宗旨，全力做好新冠肺炎疫情防控工作

学院班子认真贯彻上级疫情防控的有关要求，坚持“关爱师生，守护校园”宗旨，从强化校园管理、加强日常体温监测和健康教育引导、储备充足的防疫物资、优化防控策略等方面，不断升级迭代疫情防控工作方案，确保师生健康和校园安全有序。

四、深刻剖析学院发展现状，明晰未来发展策略与路径

对标上级要求和行业发展趋势，作为一个新办高校，学院建设和发展还存在很多不足：

1. 学院的管理机制、运行体系仍未完全理顺，干部、人事、财务与资源配置等事项的工作路径未完全明晰，学院办学自主权未得到落实。

2. 学院领导班子没有配备到位，领导决策体系仍在构建之中，需要尽快落实。

3. 学院人才队伍建设问题极为突出，主要体现在：人才结构严重失衡，缺少高水平学科带头人和具有管理经验的系部主任；教师队伍中

专业课教师严重不足，具有实践经验的教师为零。与其他“双高”职业院校相比，我院人才队伍存在较大差距，亟须一批高层次人才进行学科引领。

4. 学院制度体系仍不完备，教师分系列发展、评价与绩效考核管理，人才培养过程与质量评价体系，学生评价体系等需要尽快建立并不断完善。

5. 党建工作刚刚起步，党的组织与运行体系、党建工作制度体系、意识形态阵地工作机制、学生思政管理体系等仍需建立并不断完善。

6. 基础设施建设仍需提速，教学、实训、生活设施等尚不能达到办学规模目标的要求。

五、以“十四五”规划为牵引，全力做好学院2021年办学工作

2021年学院将以“十四五”规划为牵引，重点做好以下几项工作：

1. 认真学习宣传贯彻党的十九届五中全会精神，结合通航产业与高等职业教育的实际发展特征，充分调研国内外同类型高校的经验，制定好学院“十四五”发展规划，谋划好学院未来发展。

2. 根据上级机构编制有关文件要求，从顶层设计上尽快明确学院的隶属关系和上级管理部门，理顺省、市和学院之间在重大决策制定、干部和师资选聘、预算审批与财务管理、工作协调、业务汇报与沟通等方面的工作机制，形成促进学院健康快速发展的多方合力。

3. 根据上级统筹安排，配足配强学院领导班子，组建一个团结有力的领导班子集体。

4. 根据上级文件要求，细化人才队伍建设方案，制订岗位设置方案和管理办法，确定3类岗位结构比例，确定绩效工资结构、考核办法、分配方式、工资项目名称、标准和发放范围，并尽快启动新教师的选聘工作。

5. 持续加强制度化建设，2021 年基本完成学院的各项制度建设工作，学院基本具备现代大学制度特征。

6. 在市政府的支持下，加快推进学院二期建设，完善学院基础设施，加快推进山西通航产教融合实训基地建设，不断增强学院的承载能力和办学活力。

2021 年办学工作简报第三期：学院首个寒假

2021 年 1 月 18 日—2 月 28 日，学院迎来首个寒假。在此期间，学院加强值班值守和疫情防控工作，持续推进“十四五”事业发展规划优化、通航产教融合、基础设施完善等工作，确保度过一个安全、有序、充实的寒假。

一、参加大同市人民代表大会

经过逐级推选，雷晓锋院长作为市人大代表，于 2 月下旬参加大同市第十五届人民代表大会第六次会议。雷院长先后听取市政府、市人大、民生实事项目等工作报告，参与分组讨论，行使神圣的代表职责。通过参加市人代会，学院更加清晰了产业发展定位，明确了发展方向，提振了发展信心。

二、优化学院“十四五”事业发展规划

根据教育部和省市关于职业教育发展的最新要求，结合通航产业发展的实际情况，寒假期间，学院对“十四五”事业发展规划进行进一步优化，特别是在人才培养目标和定位、学科专业集群发展方向、高端人才引育等方面进行重点完善和修订。

三、推进产教融合与实训基地建设

寒假期间，学院继续推进实训基地建设，与有关企业沟通校企合作事宜，全力筹备参加全国航空职业院校飞机维修技能大赛。

一是积极筹备第一届“智联友道杯”全国航空职业院校飞机维修技能大赛。由全国航空工业职业教育教学指导委员会指导的该赛事拟于2021年上半年举办。这是我院成立以来首次报名参加全国性技能比赛，学院高度重视、师生踊跃参与、实训中心精心备战。寒假期间，竞赛设备陆续运抵我院，实训中心相关教师接收了包括航空软硬管实训平台、航空零件钣金铆接实训平台、航空零件润滑密封实训平台及航空紧固件保险实训平台等在内的30余台竞赛设备。随后完成了设备的摆放布置及安装调试相关工作。

二是优化航空地面设备维修实训基地实训条件，实地考察航空地面设备厂家。寒假期间，实训中心教师同北岳机场专家赴河北保定，实地考察航空地面设备厂家，与厂家详细沟通了教学用设备需求方案，并详细查看了飞机牵引车、电源车、飞机清污水车等专用航空地面设备。通过此次考察与交流，进一步明确航空地面设备维修实训基地建设方案。

三是顺利完成计算机实训室、语音实训室二次验收整改。寒假期间，针对计算机实训室和语音实训室验收中存在的问题，实训中心邀请专家对其进行二次验收。对照初次验收时发现的问题清单逐一核对，确认原有问题基本得到解决。

四是与大同市CCAR－147部沟通人才联合培养方案。寒假期间，我院相关教师赴大同市晋浩航空科技有限公司调研，就飞机维修等专业人才联合培养方案进行深入沟通。校企双方一致认为，目前国内专业的航空器维修人员的需求缺口巨大，希望双方今后加强交流，优势互补，在通航机务维修专业实训、执照培训和考证培训方面加强合作，共同推动我市通航产业的高质量发展。

五是在院长指导下，进一步优化大同市通航产教融合基地建设方案。基地的建成将切实在产业高质量聚集、职业教育与培训高质量发展方面实现“双发展、双促进”，形成产教融合发展的良性互动，打造国家一流的通航产教融合实训基地。

四、加强疫情防控和值班值守，继续推进学院各项工作

1. 提高站位，全力做好疫情防控和值班值守工作

根据疫情防控最新要求及节能需要，师生离校后，学院启动封校管理，启动低温运行。

针对假期校园管理的新情况、新要求，学院优化《山西通用航空职业技术学院疫情防控方案》，重新梳理值班值守流程，完善学院突发公共事件应急预案，明确突发事件种类、级别、应急处置、后期处置、应急保障等具体内容；编制应急处置流程图和信息报送流程图，开展应急处置沙盘演练。按照上级和学院有关疫情防控工作部署，坚持统计上报“三晋通”疫情防控表，坚持每天检查督促师生在企业微信上报体温，认真排查师生寒假跨省出行及高风险地区旅居史情况。

为了做好春季开学工作，学院结合工作实际，认真制订《山西通用航空职业技术学院春季学期开学工作方案》，对师生返校、课程教学、线上教学预案、疫情防控等工作提前进行研究和部署。

2. 顺利启动扩招学生开学和网上教学工作

在充分调研兄弟高校扩招学生培养经验的基础上，1 月下旬，学院正式启动扩招学生网上教学工作。截至 2 月 4 日，学院利用超星扩招学习平台，共录入学生 334 名，分为 5 个专业，10 个班级，导入网络课程 14 门，本校教师建设课程 3 门，扩招学生网上教学顺利开展。

3. “放假不放责任”，持续开展学生管理工作

一是利用网络平台，各系部辅导员定期召开班级视频会议，及时传

达和宣传关于疫情防控工作的要求，了解学生寒假期间的思想和生活状况，提醒同学们增强安全意识，加强自我防护，做到劳逸结合，保持健康生活习惯。

二是落实征兵工作。参加全省征兵工作电视电话会议，学习 2021 年征兵工作新政策，并向我院学生进行了宣传讲解。为多名参军入伍同学办理政治审查相关手续，根据其在校表现为武装部提供相关信息。

4. 充分利用假期窗口期，提升后勤服务保障质量

一是规范饮食、住宿、教学服务等后勤保障服务体系，对学生公寓、教师公寓和教学区域的所有设施设备进行检查、维修、更换。对物业管理、学院餐厅、快递和生活服务中心、便利店等服务单位进行安全检查，全力保障开学后学院的正常教学和师生的生活服务。为每个办公室配备了办公用柜、个人物品收纳柜，开通了学院各处室、楼宇管理的办公电话，积极改善办公环境。

二是加强安全检查，对学院重点区域开展安全消防大检查，按照“保重点，保要害”的原则，对各个重点要害部位的技防措施一一落实，同时保证监控系统工程能够满足要求，为学院师生提供一个安全放心的学习和工作环境。同时狠抓安保人员文明执勤和整体素质，确立岗位目标责任制，加强校园治安巡逻和值班。

三是全力保障学院的信息化基础设施和校园网络的管理、运行和维护工作，确保网络系统的设备完好、线路通畅。

2021 年办学工作简报第四期：启动党史学习教育·开学部署

2021 年 3 月 1 日—7 日，学院成立“庆祝中国共产党成立 100 周年”工作领导小组、党史学习教育领导小组、党史“微学习”工作组，扎实开展党史学习教育。同时，在雷晓锋院长的主持下，召开 2021 年工作部署会、党史学习教育部署会，为今年各项工作的开展确定方向，提出具体要求。我院各部门在做好本职工作的同时保持工作联动，全力保证学生开学前各项工作有序开展。

一、召开党史学习教育部署会

4 日，我院召开党史学习教育部署会，认真学习习近平总书记在党史学习教育大会上的重要讲话精神，传达省市有关要求，对学院党史学习教育进行部署。会议由雷晓锋院长主持，学院全体党员、教职工参加。

首先，全体与会人员集体聆听、学习习近平总书记在党史学习教育动员大会上的重要讲话。随后，雷晓锋院长传达了省委教育工委、省教育厅和市委教育工委、教育局关于党史学习教育的要求，对学院党史学习教育进行部署：

一是充分认识党史学习教育的重大意义，把思想和行动统一到习近平总书记重要讲话精神上来。要把学习贯彻习近平总书记重要讲话精神作为当前的一项重要政治任务抓紧抓好，要做到学史明理、学史增信、学史崇德、学史力行，教育引导广大党员和师生学党史、悟思想、办实事、开新局，进一步学懂弄通做实习近平新时代中国特色社会主义思想，不断增强“四个意识”，坚定“四个自信”，做到“两个维护”。

二是认真落实上级部署，扎实开展党史学习教育。按照上级要求和部署，结合学院实际，明确学习目标和内容，落实学习安排，组织专题学习、专题教育，强化思政课主渠道作用，贴近学生实际，组织好青年学生的学习教育，开展“党史‘微学习’”“我为群众办实事”等活动，开好专题民主生活会、组织生活会，切实从党的百年伟大奋斗历程中汲取前进的智慧和力量，深入学习贯彻习近平新时代中国特色社会主义思想，满怀信心地肩负起转型发展蹚新路的历史使命。

三是强化组织领导，切实推动工作。要不断压实政治责任，把握正确导向，加强总结提高，在全院营造浓厚氛围，注重实际效果，确保学院党史学习教育取得新成效，为学院“十四五”开好局注入强大精神力量。

为做好学院党史学习教育工作，学院成立党史学习教育领导小组，制定学院党史学习教育实施方案。下一步，学院将按照会议要求和部署，扎扎实实地开展好党史学习教育，以优异成绩迎接建党100周年。

二、召开2021年工作部署会

4日下午，雷晓锋院长主持召开学院2021年工作部署会，回顾总结2020年工作，部署2021年重点工作。学院各部门负责人以及全体教职工参加会议。

会上，雷院长从4个方面对学院2020年工作进行总结。2020年，全院深入学习贯彻习近平总书记视察山西重要讲话重要指示，认真学习宣传贯彻党的十九届五中全会精神，将学院筹建工作作为重大政治任务抓紧抓实，在各级领导的关心和大力支持下，筹备组的同志们攻坚克难，加快推进从“建设”向“使用”转变，扎实推进学院前期筹备工作。

自 2020 年 8 月中旬以来，圆满完成“顺利寄出第一封通知书、顺利迎接首届新生入学、顺利开好第一堂课”三件大事，并从制度建设、人才培养、文化建设、产教融合、基础保障等方面初步构架学院健康快速发展的“四梁八柱”。

2021 年是中国共产党成立 100 周年，是“十四五”开局之年，是全面建设社会主义现代化国家新征程的开启之年，站在新的历史交汇点，面对转型发展的战略机遇期，学院也迎来正式办学的第二个年头。为了切实做好学院 2021 年工作，雷晓锋院长从“明确一个指导思想、强化四项政治任务、重点做好十项工作”等 15 个方面对学院 2021 年工作进行部署。

2021 年度工作部署大会

会议要求，学院要以习近平新时代中国特色社会主义思想为指导，全面贯彻党的十九大和十九届二中、三中、四中、五中全会精神，深入学习贯彻习近平总书记视察山西重要讲话重要指示，全面落实省委省政府、市委市政府部署，聚焦转型发展蹚新路重大任务，以立德树人为根本，以加强党的全面领导为统领，以人才培养为第一要务，以人才队伍建设为关键，以学科专业建设为基础，以产教深度融合为路径，以深化学院治理体系和治理能力现代化为保障，弘扬“通航报国”精神，推动学院健康、快速、特色发展，为培养一流通航人才、做出一流行业贡献而努力奋斗。

会议要求，学院要继续加强党的全面领导，把牢社会主义办学方向，加强学院领导班子建设，强化顶层设计，编制好学院“十四五”规划，扎实开展党史学习教育，组织好庆祝中国共产党成立100周年系列活动。要进一步强化学院办学基础工作，优化人才培养体系，加强人才队伍引育，聚焦通航特色，加强专业建设，构建学生思想政治教育工作体系，加快推进通航产教融合基地建设，继续完善机构设置和制度体系建设，加强信息化建设，提升治理能力和水平，要坚持“两手抓”，统筹好事业发展与疫情防控工作。

最后，雷院长还传达了大同市十五届人大六次会议精神，并就全面从严治党、安全稳定和常态化疫情防控等工作做出部署安排。

学院2021年工作部署会的胜利召开，开启了奋进“十四五”新征程。与会教职工表示，新阶段要有新作为，要铆足干劲、扑下身子、团结奋斗、上下一心，共同开创学院办学新篇章！

三、院长办公会安排部署学院重点工作

本周，雷晓锋院长主持召开两次院长办公会，研究讨论《山西通用航空职业技术学院2021年工作要点》，并进行任务分解。雷院长强调，各部门要对工作任务进行再分解再细化，形成更完善的工作方案和制度，并进行安排部署，以保证我院今年的各项工作健康、有序、高质量地推进发展。

经会议研究，决定成立我院“中国共产党成立 100 周年活动”工作领导小组，组织实施学院庆祝中国共产党成立 100 周年活动。同时，研究讨论学院“十四五”规划，会议要求各规划编制部门要将发展规划作为驱动我院发展的引擎，充分吸收意见和建议，认真修改，反复斟酌，编制出目标合理、任务明确、切实可行、科学严谨的总体规划和专项规划，进一步明确我院“十四五”发展的方向和任务，实现高质量发展。

四、成立党史“微学习”工作组并开展集体备课

开展党史“微学习”集体备课

学院成立由雷晓锋院长担任组长，教务处、学工部负责人纪晓平、曹永明以及全体思政课教师和辅导员共同组成的党史“微学习”工作组。学习小组从中国共产党的发展历史中精心选取 32 个党史专题，每个专题准备了 5—10 分钟的课件以及讲稿，统一授课模板，统一授课内容和要求，充分利用学生每日上课前 5—10 分钟的早读时间和班会时间，由思政课教师、专职辅导员带领学生进行党史学习，每周学习 2—3 个专题。

为了提高党史“微学习”质量，完善学习形式和内容，雷晓锋院长带领工作组共开展两次集体备课。通过集体备课，大家进一步统一思

想，交流心得，坚持共性内容与个人讲授特色相统一的原则，切实提高微课程的质量。

五、组织观看十三届全国人大四次会议开幕盛况

5 日，学院组织教师集体观看十三届全国人大四次会议开幕盛况，聆听李克强总理做政府工作报告。

六、开展“三·八妇女节”主题文化活动

5 日，我院开展“三·八妇女节”主题讲座以及相关主题文化活动，提升我院女教职工积极向上、自强不息的奋斗精神，知党恩、感党恩、报党恩。

七、办公室、学工部召开新学期工作部署会

会上，对寒假工作进行了梳理和全面总结，对本学期重点工作做出安排部署，包括高质量开展、组织好学院党史学习教育系列活动，严格落实云州区人大选举工作，积极筹备学生会成立事宜。最后，提出几点工作要求：一是充分认识学院发展现状，客观对待面临的困难和问题；二是要加强学习，不断提升个人业务素质；三是在工作中要端正态度，提前谋划，形成人人奋勇争先的工作局面。

八、教务处召开新学期工作部署会及教学工作会议

会议明确并细化了教务处全体人员的分工及职责范围，对下一阶段工作进行了详细的安排：一是重视本学期的单招宣传和招生工作；二是筹划和安排新一轮教师技能评比大赛事宜；三是做好新一批教师招聘相关工作；四是继续做好本学期各科教学工作；五是做好上学期挂科学生补考准备相关工作。会议重点强调，大家应树立良好的团队意识、工作纪律意识，加强岗位意识，做好本职工作，工作中讲奉献，做到明确目标、

讲政治、懂规矩，精细管理，开拓创新，推动学院更好更快地发展。

同时，教务处组织全体任课教师召开 2021 春季学期第一次教学工作会议，安排部署本学期教学工作重点，并对教师做好在线精品课程建设及参与教学能力比赛进行热身动员和相关培训。

九、教务处完成新学期开课前相关准备工作

本周，教务处完成 2021 年春季学期排课工作；完成新学期各教室教学设备课前调试检查工作；完成上学期学生考试试卷和成绩的整理、存档等工作。

十、学工部全力完成学生开学报到相关工作

1. 按照“就近系部，就近班级”原则，安排扩招学生（10 位男生，1 位女生）入住学生宿舍，发放一卡通，开展熟悉校园等关怀活动。

2. 辅导员组织召开大班会，进行开学第一课主题教育。

3. 各系部完成学生证注册。

4. 整理归档学生资料。

十一、后勤及相关服务单位完成开学准备工作

师生扫雪

后勤及相关服务单位按照学院疫情防控方案进行环境卫生消杀，人员进校查验“一卡一测验两码”，并清理绿化杂草，组织全体教师清扫校园积雪。

十二、实训中心召开新学期工作部署会

实训中心按照《山西通用航空职业技术学院 2021 年工作要点》中的要求，按月度拆分工作计划，责任落实到人，确保在年底圆满完成学院交付的各项任务。

十三、实训中心完成教学设备深度保养

实训中心进行教学设备深度保养

3 日，实训中心对各实训室内设备进行深度保养，并检查所有用电设备，保障新学期教学工作顺利进行。

2021 年办学工作简报第五期：迎接来访·各项工作全面启动

2021 年 3 月 8 日—14 日，我院依托开学第一课，全面启动党史教育“微学习”，扎实开展党史学习教育。此外，学院招聘、招生、学生管理等各项工作也有序开展。

一、多弗国际控股集团董事长胡兴荣一行来我院参观交流

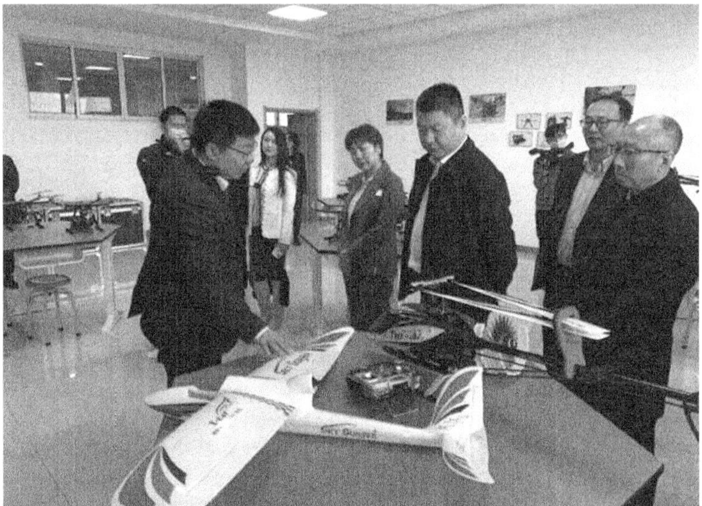

多弗集团来院参观交流

9 日上午，多弗国际控股集团董事长胡兴荣一行来我院参观交流，常务副市长任希杰陪同。多弗国际控股集团是国内大型综合性民营企业，多年来重点布局发展实业、地产、贸易、投资等业务板块，产业遍布国内一、二线核心城市及海外国家和地区。胡兴荣表示，发展通航产业，大同具有得天独厚的优势，希望双方尽快达成合作契合点，推动项目早日成形落地。

二、山西航空产业集团有限公司董事长郝孝义一行来我院调研

山西航空产业集团有限公司董事长郝孝义一行来我院调研

11 日上午，山西航空产业集团有限公司董事长郝孝义一行来我院实训中心调研，副市长郝献民陪同。

山西航空产业集团有限公司由山西省民航机场集团公司改制而成，是以机场建设和运营管理为核心业务，以航空相关上下游产业，包括通用航空、非航业务、临空经济为关联业务的航空产业投资管理集团。郝孝义仔细询问了我院的专业设置、师资力量，现场体验了飞机模拟驾驶

设备。郝孝义指出，山西是中国通用航空的摇篮，近年来，我省将发展通用航空业作为推动转型升级、打造内陆地区对外开放新高地的重要举措，大同市抢抓机遇、超前谋划，建设山西通用航空职业技术学院，有效促进了教育链、人才链与产业链、创新链的有机衔接。希望能通过企地联手，实现强强联合、资源互补，共同推进全省通用航空产业飞起来、热起来、强起来。

三、召开 2021 年招生动员部署大会

10 日下午，我院召开 2021 年招生动员部署大会，雷晓锋院长出席会议并讲话，各单位负责人及全体教职工参加会议。

会上，招生工作负责人纪晓平对我院 2021 年招生宣传相关政策进行了详细解读。雷院长对招生工作提出六点要求：一是全院教职工要高度重视学院招生工作；二是坚持招生基本原则，稳住大同基本盘、动员省内观望群、拓展省外兴趣群；三是把握招生策略，要以我为主、精准宣传，各部门形成工作联动；四是加强对招生政策的学习，及时沟通；五是把好招生廉洁关，注意出行安全，做好疫情防控；六是处理好日常工作与招生工作的关系，抓大放小。

我院扎实开展 2021 年招生宣传工作，积极参与省招生考试中心组织的宣传团，在我省分南北两线进入多地市中学进行招生宣传，效果良好，目前已经建有 3 个单招咨询微信群，群成员共计 500 余人。制定 2021 年单招章程、单招报考指南、单招工作方案，开展校园开放周活动，接待来我院参观的学生及家长。

四、市教育系统党史学习教育第一巡回指导组莅临我院检查指导工作

8 日下午，市教育系统党史学习教育第一巡回指导组莅临我院检查指导党史学习教育工作，深入了解我院党史学习教育开展情况，查阅我

院党史学习教育相关材料，对我院党史学习教育工作的开展情况给予充分肯定，并对下一步工作的开展提出意见和建议。

五、召开云州区人大选举工作协调会

10日下午，我院召开云州区人大选举工作协调会。会议强调，全院各单位要进一步提高思想认识，增强责任感和使命感，认真做好各项基础性工作，把困难想多一点，把准备工作多做一点，精心组织安排，确保选举工作依法依规顺利完成。

六、党史教育“微学习”全面启动

8日，学院春季学期正式开学。上午7：50，党史“微学习”工作组的各位老师在全校34个班级同步开展第一堂党史教育“微学习”的讲授，本次学习的主题为伟大的五四运动。

七、教务处召开教师精品课创建培训会

1. 10日下午，教务处组织召开全体教师精品课创建培训会议和教学能力比赛相关事宜培训会议。

会上，主讲人向各位老师介绍了山西省教师技能大赛的举办时间、参赛要求、获奖教师作品特点等内容。教务处负责人纪晓平强调了作为一名高校教师参加教师技能大赛的重要性和必要性，鼓励青年教师踊跃报名参加超星杯教师技能大赛、山西省高校教师技能大赛，“以赛促学、以赛促讲、以赛促进”，不断提高自身的教学水平与育人能力。

2. 我院报名参加北航网上双选会。

3. 完成2020级扩招学生学籍信息核对。

八、学工部加强管理育人，切实做好学生管理工作

1. 开始新学期“五早”工作。

2. 校园国旗护卫队开始训练。

3. 核对学生返校情况，为扩招插班生办理入学手续。

九、航模队开始纳新

本周，实训中心牵头制定山西通用航空职业技术学院航模队建设规划及航模队章程，随后面向全校学生发布了航模队纳新通知，共收到来自全校各系 120 余人的报名申请。12 日，实训中心教师进行航模队成员面试工作，经过双向选择，新成员将在意向岗位上参与航模队的各项工作。下周，航模队将按计划开始正式训练。

航模队成员面试

航模队成员面试

十、学院党史学习教育“微学习”工作组举行第三次集体备课

为了进一步提升学习内容的质量，提高学习针对性，3 月 11 日，党史“微学习”工作组开展第三次集体备课，雷晓锋院长主持备课会，工作组全体成员认真参加备课会。工作组对全校 34 个班级同步开展第一堂党史学习教育“微学习”的学习情况进行总结，听取孙婕老师、燕晓霞老师关于党史学习教育的专题汇报，对如何更好地针对学生特点开展讲授、增强讲课内容的故事性和吸引力、提升学生的时代共鸣，以及对微课程录制工作进行了研讨。

2021 年办学工作简报第六期：理论学习·人大选举·伙委会

2021 年 3 月 15 日—21 日，雷晓锋院长主持召开我院第一次理论学习中心组（扩大）会议，与会同志学党史，悟思想，结合自身岗位交流心得体会，切实把党史学习教育落到实处。本周，学院重点推进单招宣传工作，多措并举提升社会对学院的认知度。

理论学习中心组（扩大）会议

一、召开理论学习中心组（扩大）会议

17日下午，我院在办公楼8层会议室召开理论学习中心组（扩大）会议，会议的主题是学习习近平总书记在党史学习教育动员大会上的讲话精神及研学习近平《论中国共产党历史》。我院各单位负责人及全体党员参加会议，大同市教育系统党史学习教育巡回指导组有关同志列席会议，会议由雷晓锋院长主持。

会上，雷晓锋院长带领与会人员共同学习习近平《论中国共产党历史》一书中的两篇重要文稿：《学习党史、国史是坚持和发展中国特色社会主义的必修课》《中国革命历史是最好的营养剂》。

会上，6位与会同志进行发言。财务部负责人王文章立足岗位，将党史学习与职业教育发展相结合，理论学习指导具体工作；王丽楠老师阐述了对课程思政的理解，立足课改，实现课程与思政的巧妙衔接；高隽敏老师从历史的角度阐述党史学习教育要立足“两个牢记”，牢记不忘初心，牢记党的历史经验；辅导员申琦老师、王亚空老师、张蓉老师分别结合自身工作谈体会，辅导员要在党史学习教育中先学一步，提高站位、抓住核心、做好落实。

雷院长从四个方面交流学习体会：一是坚持历史唯物主义是共产党人和马克思主义者的政治品格和基本素养；二是坚持理论学习，用党的历史和最新理论武装头脑是中国共产党人的鲜亮政治特征；三是坚持用习近平新时代中国特色社会主义思想武装头脑是落实“两个维护”的核心要义；四是坚持认真学习习近平总书记视察山西重要讲话重要指示和“三篇光辉文献”是指导我们开展工作的行动指南。雷院长指出，我院的创办是省委省政府、市委市政府落实习近平总书记视察山西重要讲话重要指示的生动实践，全院职工要明确学院定位，充分了解高等职业教育发展、通航产业背景及行业动态，积极向上，培育和弘扬通航报国精神。

指导组参会同志在发言中高度肯定我院此次理论学习会议，指出雷院长的讲话既有理论高度又有实践指导，把握了时代脉搏，相信随着通航相关产业的助推以及职教城的建设，大同市一定可以在转型发展上率先蹚出一条新路。

二、与北京凡华教育科技集团签署校企合作协议

15 日上午，北京凡华教育科技集团董事长石戴卫一行来我院参观，大同市教育局副局长孙朝陪同。16 日上午，我院与北京凡华教育科技集团签署校企合作协议，双方将以“共建共享，互利共赢”为原则，进一步深化校企合作，落实合作细节，推动合作项目落地。

云州区第二届人大选举城镇第十五选区选举大会

三、召开云州区第二届人大代表选举大会

按照云州区人大换届选举的整体工作部署，16 日，云州区第二届人大选举城镇第十五选区选举大会在院报告厅召开，全院师生选民参加选举大会。

经选民举手表决，先后通过了《城镇第十五选区选举云州区第二届人民代表大会代表办法（草案)》及总监票人、监票人、总计票人、计票人等选举工作人员名单，经选举工作人员现场清点选民人数，主持人宣布到会选民符合法定人数，可以进行选举，工作人员当众查验并向选民展示了空票箱，在由主持人介绍了选票填写方法后，总监票人、监票人、总计票人、计票人、师生选民依次投出庄严而神圣的一票。

选举结束后，在监票人的监督下，计票人当场开始验票并认真负责地清点了选票。学院按照法律法规的有关规定，将此次选举情况上报至云州区选举委员会。上级确认后，正式公布雷晓锋同志当选为云州区第二届人大代表。

四、组织教师开展招生宣传工作

学院招生动员会议后，教师们以饱满的热情投入招生宣传工作中，深入各地高中、职中宣传学院的办学特色和优势。一周来，教师们分别奔赴我省长治、晋城、临汾、太原、忻州、朔州以及大同市各县区等地开展2021年单招宣传工作，联系多家省内传统媒体、新媒体、自媒体等进行招生宣传。在各地区招生宣传现场，众多考生表示我院组织开展的宣传咨询服务给他们带来了丰富、及时、准确的信息，为他们了解学校、了解专业提供了极大的便利。

同时，在校教师分组值班，多轮次接待校园开放日来我院参观考察的学生和家长。

五、教务处完成学生补考及学生学籍信息统计工作

1. 组织学生进行语文、数学、英语、汽车原理与构造、民航法基础、无人机概论等课程补考，共计99人次参加。

2. 统计扩招生学籍信息，成功上传至学信网334条学籍信息。

六、辅导员安排落实本周班团会

本周班会内容：1. 班干部上周工作总结与提升（“五早”实施情况）；2. 提醒挂科学生做好补考复习；3. 和谐消费促发展，维权意识进校园。

本周团会内容：观看《中国精神》主题片。

七、学工部组织学生宿舍评比，加强宿舍环境治理

17 日下午，学工部组织宿舍卫生评比，评选出优秀宿舍，对卫生较差的宿舍进行了批评教育，并提出整改要求。

八、后勤处牵头成立学院伙食委员会

本周，后勤处牵头成立学院伙食委员会，开始履行相关职能。此外，还议定校园文化建设内容的初步架构。

2021年办学工作简报第七期：航模队成立·新冠疫苗接种

2021年3月22日—28日，我院按照学院党史学习教育实施方案的工作部署及要求，扎实开展理论学习以及“五个一”等系列活动，强化组织领导，高标准高质量地开展党史学习教育。本周，学院教务、招生、学生管理等工作有序推进。

一、召开第二次理论学习中心组（扩大）会议

24日下午，我院在办公楼10层会议室召开第二次理论学习中心组（扩大）会议，会议的主题是交流学习习近平《论中国共产党历史》摘编。我院各单位负责人及全体党员、写过入党申请书的教师参加会议，会议由雷晓锋院长主持。

在全体党员开展自主学习的基础上，7位与会同志发言。曹永明老师从党的先进性、辩证唯物主义、党的执政3个理论层面阐述了党的领导核心地位；史立斌老师结合后勤工作努力提升政治、服务、责任、管理意识，切实把党史学习落到实处；郝芳老师结合“毛泽东思想和中国特色社会主义理论体系概论”课程，阐述了马克思主义中国化的理论成果，让学生感受真理力量；燕晓霞老师提出要从党史学习教育的价值、榜样的力量、铸魂育人3个方面让学生领悟党史，增强感染力；辅导员

邵利老师、吴小昊老师指出辅导员是学生思想政治引领的骨干力量，要明确教什么、学什么、如何学，常抓不懈；杜建红老师结合自身班主任工作，指出要用全局、辩证的思维对待实际工作，下深功夫做好学生的学业导师。

雷晓锋院长在发言中指出，党史学习教育就是要从党的历史经验中汲取智慧和营养，传承和发扬党不懈奋斗的精神品质，把学习成效转化为工作动力。对于学院党史学习教育及具体工作，提出五个方面的要求：一是在党史学习教育中，党员要发挥排头兵作用；二是思政课作为学生思想引领的主渠道，要发挥好引导人、教育人的作用，青年学生的主要问题就是思想问题，思政课教师要把握学生的思想特征，采取适合的教学策略、方式、方法，加强学习，与时俱进，用案例提升说服力，润物无声，潜移默化，帮助学生找准人生定位，树立正确的“三观”；三是在学院三线融合管理中，各方形成合力，全方位育人；四是任课教师要力争做“四有”好老师，做好课程思政的思考与探索；五是行政管理人员要端正工作态度，时刻牢记为师生服务的宗旨。

雷院长强调，党史学习教育要求我们传承党的光荣传统和优良品质，以昂扬的精神状态投身实际工作中，对于全院职工来说，要充分了解高等职业教育发展、通航产业背景及行业动态，增强看齐意识，严格落实上级指示要求，找准工作落脚点，做好本职工作，为全面建设社会主义现代化国家添砖加瓦。

二、航模队召开成立大会

24 日，我院航模队成立大会成功召开，雷晓锋院长出席大会并致辞。雷院长表示，学院对第一届航模队成员寄予厚望，希望大家不负青春，不负韶华，乘风追梦，在校史上留下光辉的篇章。会上，航模队指导教师杨凌霄宣读了航模队章程并介绍了近期工作及参赛计划。

我院航模队是学院直接管理的校队组织，首批招收队员 131 人，由实训中心指导日常工作。后续，实训中心将承担起航模队的指导任务，科学组织日常训练，积极备战各项赛事，以优秀的成绩为母校献礼。

航模队成立大会

航模队成立大会

三、新冠疫苗接种工作有序进行

25 日下午，本着自愿接种的原则，教职工 12 人接种疫苗，接种率为 14. 8%；餐厅工作人员 12 人接种疫苗，接种率为 30%；物业管理人员 16 人接种疫苗，接种率为 17. 3%；学生 237 人接种疫苗，接种率为 29. 4%，其中接种疫苗 1 针的 150 人，接种疫苗 2 针的 87 人。

下一步学院将继续与云州区疫情防控领导小组保持沟通，接洽第二针新冠疫苗接种工作，同时加强对新冠疫苗接种的宣传和教育工作。

四、教务处上报我院 2021 年新旧专业对照表及专业备案表

本周，教务处将我院 2021 年新旧专业对照表及专业备案表报送山西省高职院校数据评估中心。根据《职业教育专业目录（2021）》将“民航运输专业”更新为“民航运输服务专业”，并更新今年备案专业的专业代码。更新后的备案专业有无人机应用技术、通用航空器维修、地面设备维修、民航运输服务、通用航空航务技术、空中乘务、民航安全技术管理、直升机驾驶技术 8 个专业。

五、图书馆电子阅览室调整开放时间，同时拟定勤工助学岗位工作时间及职责

本周，图书馆张贴报刊架标，计划调整报刊室和电子阅览室开放时间为：每周一至周日 8：30—11：30、14：30—17：30、18：30—21：30。拟定勤工助学岗位工作时间及工作职责，共设勤工助学岗位 8 个，计划平均每人每月工作时长为 33 小时，主要负责晚班（18：30—21：30）和周末报刊室以及电子阅览室的开闭门和管理监督工作。

六、继续接待参观校园的学生及家长

本周，在校教师分组值班，继续接待到我院参观考察的学生和家

长，并接待了山西经贸职业学院的领导、学生的集体参观。

七、教务处完善扩招学生学籍注册工作

本周，确定我院最终注册学籍的扩招人数，扩招录取人数共计 335 人，最终注册 334 人，1 人放弃入学资格，2 人应征入伍需保留学籍。

八、学工部开展学生党史学习教育系列活动

学工部组织学生赴灵丘参观“平型关大捷纪念馆”

按照学院开展党史学习教育“五个一”活动中关于“参观一次党史展览或纪念场馆”的有关要求，28 日，学工部组织学生赴灵丘参观“平型关大捷纪念馆”，并在纪念馆广场举行“传承红色基因，缅怀革命先烈”集体宣誓仪式。

同时，学院发布《山西通用航空职业技术学院关于开展“红色家书”经典诵读活动》的通知，动员学生积极报名，启动“学党史，感党

恩，我与祖国共成长”征文活动，发布征文活动要求，并组织学生参与“全国大学生党史知识竞答大会”云答题活动。

九、学工部各项工作有序开展

1. 研究制定山西通用航空职业技术学院学生综合评定体系和奖学金体系。

2. 依据学院党史学习教育实施方案的工作部署及要求，进一步完善2020—2021 学年春季学期班团会重点工作提示纲要。

3. 起草 2021 年勤工助学岗位需求通知，根据各用人单位需求，拟设首批勤工助学岗位 34 个。

4. 24 日，检查学生宿舍卫生，经过开学以来多次检查督促，学生宿舍卫生情况整体有了显著改善。

十、后勤处对校园监控进行全面检修，助力平安校园

本周，后勤处对校园监控系统进行全面检修，按实际需要调整了监控角度，做到校园监控无死角、无盲区、全覆盖。

2021 年办学工作简报第八期：“红色家书”经典诵读·奖学金

2021 年 3 月 29 日— 4 月 4 日，我院党史学习教育活动继续开展，师生感悟百年初心，学史力行，务实事，开新局，在学院营造浓厚的求真务实之风。同时，学院单招、学生管理工作也有序推进。

一、党史学习教育市委宣讲团教育系统报告会在我院召开

3 月 31 日，党史学习教育市委宣讲团教育系统报告会在我院报告厅召开，市委宣讲团成员、市委党校郑爱教授做宣讲报告。报告以深刻铭

市委宣讲团成员、市委党校郑爱教授做宣讲报告

记中国共产党百年奋斗光辉历程为题，深刻阐述了开展党史学习教育的重大意义，全面介绍了党史学习教育的重点、方法，强调广大党员干部要切实增强“四个意识”，坚定“四个自信”，做到“两个维护”。

会后，郑爱教授与我院师生代表座谈，交流党史学习心得体会，为大家答疑解惑。

二、克拉玛依市人大常委会一行莅临我院参观调研

4月1日，克拉玛依市人大常委会党组书记、副主任李凤堂带领调研组莅临我院参观调研。市人大、发改委相关领导陪同调研，实训中心负责人宋光涛介绍了我院办学历程及实训中心基本情况。随后，调研组参观了实训中心航空模拟驾驶实训室、无人机模拟实训室、空中乘务实训室，并现场体验了飞机模拟驾驶设备。李凤堂表示，大同市抢抓机遇、超前谋划，建设山西通用航空职业技术学院，有效促进了教育链、人才链与产业链、创新链的有机衔接，希望今后两地加强通航领域的交流合作，实现优势互补，共同推动通航产业的发展。

三、清华大学智能无人机中心一行莅临我院参观调研

4月1日下午，清华大学智能无人机中心一行来我院参观交流，市教育局党组成员、副局长孙朝与信息科科长李素琴陪同。调研组一行参观了实训中心航空模拟驾驶实训室、无人机模拟实训室、空中乘务实训室及航模实训室，并与相关教师进行了座谈。座谈会上，调研组深入了解我院无人机专业人才培养方案以及航模队建设情况，并表示，希望双方今后进一步深化人才培养、科学研究、社会服务等领域的交流合作，为大同社会经济发展做出新的、更大的贡献。

四、教务处制定2021年高职单招考试职业技能测试（面试）工作方案

本周，我院继续做好招生接待工作，教务处就单招志愿数据进行统

计，其中第一志愿：航空地面设备维修132人，空中乘务66人，民航安全技术管理19人，民航运输服务52人，通用航空航务技术55人，无人机应用技术136人，同时我院单招面试工作全面启动。

五、学工部起草“山航”奖学金评定章程

本周，学工部起草“山航”奖学金具体评定章程，拟定奖学金评定流程和标准，包括设奖宗旨、发放标准、奖励等级、申请奖励条件、评定办法和评审程序。其中评定办法考量了学习成绩、在校表现、获奖情况，这对于后续拟定学生综合评价体系有着重要的作用。

六、辅导员安排落实本周班团会内容

本周班会内容：1. 班干部上周工作总结与提升；2. 安排落实“学党史，感党恩，我与祖国共成长”征文活动。

本周团会内容：学习了解中共一大至十九大党代会简史。

七、学院“红色家书”经典诵读总决赛圆满落幕

“红色家书”经典诵读总决赛

按照学院开展党史学习教育"五个一"活动的相关要求，学工部组织各系"红色家书"经典诵读活动复赛和全院总决赛。

八、学工部组织召开女生管理教育大会

本周，学工部在学生公寓二楼大厅组织召开全体女生管理教育大会，重点强调学院各项管理规定，引导学生正确处理同学关系和师生关系。

九、后勤处对全院弱电线路进行排查

本周，后勤处对全院弱电线路开展排查、整理、维修，并张贴标签。

2021 年办学工作简报第九期：大同航协·单招测试

2021 年 4 月 5 日—11 日，我院召开第四次理论学习中心组（扩大）会议，2021 年高职单招职业技能测试面试与笔试工作顺利进行。

一、召开第四次理论学习中心组（扩大）会议

7 日下午，我院在交流会议中心 202 会议室召开第四次理论学习中心组（扩大）会议，会议围绕学习改革开放新的伟大革命，成功开创、坚持和发展中国特色社会主义进行集中讨论。院长及各单位负责人、全体党员参加会议，会议由雷晓锋院长主持。

在全体党员开展自主学习的基础上，3 位与会同志进行发言。教务处王芳老师认为，学党史应该做到两个“牢记”和两个“必须”。作为一名党员教师，身兼双重身份，要时刻牢记党的宗旨，诲人不倦。教师代表王娅琼老师着重讲述了新时代贯彻落实党的教育方针和如何做到将思政主动融入课程当中，给予在座的老师启迪。教师代表刘海艳给各位党员讲述了自己入党时庄严宣誓的场景，引发了所有党员的共鸣。她表示要做到脚踏实地，坚守初心，必须做到四个关键：团结凝聚、艰苦奋斗、独立自主、与时俱进。

二、我院被授予“大同市航空运动协会理事单位”

9 日，大同市航空运动协会第二届委员会代表大会顺利召开，大同市教育局、民政局、体育局以及来自其他省市的 17 个兄弟航协、国内 39 家航空企事业单位与各行各业的 38 名个人会员代表出席会议。雷晓锋院长、实训中心负责人宋光涛参加会议。

会议选举产生新一届市航协领导班子，表决通过了《大同市航空运动协会章程》，会上，我院被授予“大同市航空运动协会理事单位”。

今年是国家“十四五”规划开局之年，也是山西通航示范省、大同通航示范市勇往直前跑出弯道超车加速度的重要节点。我院站在新的历史节点上，将高度维护协会形象，共同增强协会在全国航空运动爱好者中的影响力和号召力，同时为通航产业的蓬勃发展提供人才支持。

三、完成 2021 年高职单招职业技能测试面试与笔试工作

为了做好我院单招考试工作，本周，教务处拟定单招考试相关工作方案，各部门多次推演考试流程，不断修改、细化方案实施细节，按照省厅下载的报名数据分配考生联系组，经过教师与学生一对一联系后，确定所有考生的面试场次，生成各考场名单，并将到校参考时间通知所有考生。

参加面试的考生入场

参加面试的考生候场

7 日，学院召开高职单招工作部署会议，会后按照既定方案顺利完成高职单招考试。考试结束后，及时完成本次高职单招考试成绩汇总核算，同时统计考试情况：参与报名 460 人，最终参考合计 443 人，17 人弃考；空乘专业 3 人转其他专业，1 人暂时没有笔试成绩，寄送材料后进行成绩补充。

参加笔试的考生入场

笔试现场

四、教务处完成在编人员信息统计及扩招情况报送工作

本周，教务处完成我院在编人员和编外人员信息统计工作，并按照教育厅扩招工作微信通讯群要求报送高职扩招第一、第二阶段招生情况。

五、学工部继续完善学生奖助工作体系

本周，学工部完善我院学生违纪处分流程，并根据学院规定起草 3 名被处分学生的拟处分决定书。同时拟定学院奖学金手册初稿，包括奖学金管理、实施、体系架构和各项奖学金章程，开展扩招学生退役士兵的摸底调查，为下半年开展参军入伍学生资助工作奠定基础。还面向全院家庭困难学生发布 2021 年勤工助学岗位招聘通知，并审核学生报名申请表，此次招聘共设置 34 个岗位。

山西通用航空职业技术学院
学生违纪处分流程

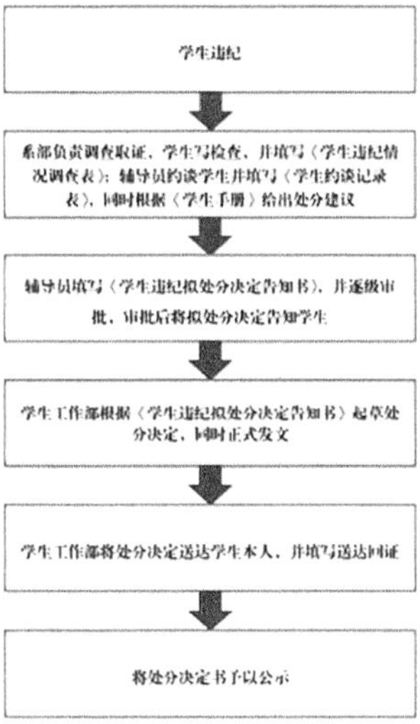

山西通用航空职业技术学院奖学金手册

目录

六、辅导员安排落实本周班团会内容

本周班会内容：班干部上周工作总结与提升。

本周团会内容：学习习近平《论中国共产党历史》节选内容。同时，对“学党史，感党恩，我与祖国共成长”征文投稿进行初审、退改、二次审核。7 日下午，继续开展宿舍卫生检查，检查发现宿舍整体卫生情况保持良好，学习和生活用品摆放有序。

2021年办学工作简报第十期：理论学习·校园安全

2021年4月12日—18日，学院充分利用网络学习资源开展党史学习教育，与北航同步开展学习，聚焦重点，切实做到学深悟透。同时，学院教务、学生管理、实训等方面工作也有序推进。

一、我院与北航同步开展党史学习教育

14日下午，我院在学术交流中心203举办党史学习教育专题报告会，与北航同步开展网络学习。报告的主题是战略视角中的中共百年奋斗历程，由中央宣讲团成员、中央党史和文献研究院原院务委员张宏志主讲。雷晓锋院长、各单位负责人及全体党员参加。

报告中，张宏志围绕中共百年奋斗历程，从8个历史节点，全面论证了中国共产党发展历程中的"天时、地利、人和"，从战略视角分析了中国共产党为什么"能"、马克思主义为什么"行"、中国特色社会主义为什么"好"。他强调，当前开展党史学习教育，就是要从党的历史经验中汲取智慧和营养，学懂弄通做实习近平新时代中国特色社会主义思想，增强"四个意识"、坚定"四个自信"、做到"两个维护"，务求学党史、悟思想、办实事、开新局取得实效。讲座以广阔的历史视野和深刻的理论阐释，为全院党员、干部上了一堂深刻而又生动的党史课和

思政课。

雷晓锋院长在报告会后强调，学院充分利用网络学习资源开展党史学习教育，聆听专家学者解读，聚焦重点、学深悟透，同志们要自觉做到学史明理、学史增信、学史崇德、学史力行，切实把党史学习教育成果转化为工作动力和发展成就。

二、召开安全工作专题会议及学生奖助体系研讨会

本周，雷晓锋院长主持召开学院安全工作专题会议。雷院长强调，要加强对学生的安全教育与管理，突出关注重点人群、重点区域，继续做好疫情防控工作，组织做好应急演练，确保学院在安全平稳的状态下开展各项工作。

同时，雷院长主持召开学生奖助体系研讨会，会上雷院长对学院的奖助学金的设立提出建设性意见，要求学生资助部门尽快完善学生奖助体系。

三、教务处编写“人人持证，技能社会”工作总结报告

本周，教务处编写“人人持证，技能社会”工作总结报告，梳理学院建校以来教师培训工作开展情况以及学院“十四五”规划中关于专业建设、课程开发以及教师团队建设的内容，填写培训情况汇总表，并报送山西省教育厅职成处。

同时，整理 2020 级扩招新生入学材料，上报 2021 年招生计划申报表。此外，布置安排教师资格证认定事宜，维护教学设备，完成学生学籍信息管理维护。

四、学工部召开部门工作推进会，落实近期重点工作

本周，学工部召开部门工作推进会，将近期要落实的“红色家书”经典诵读活动、校运会筹备工作、学生会筹备工作、团委评优、奖助学

金体系完善、志愿服务体系搭建等重点工作进行了具体安排，将各项工作落实到人，并明确了完成期限。

五、辅导员安排落实本周班团会

本周班团会内容：学习习近平《论中国共产党历史》节选内容、“长征精神”、新民主主义革命理论、党的建设理论等。

六、学工部学生日常管理工作有序开展

1. 根据辖区派出所安排，完成非大同地区学生电子居住证的办理和下载工作。

2. 14 日（周三）下午开展宿舍内务检查，本周女生宿舍的内务和卫生表现出色，检查结束后教官为内务优秀的学生颁发流动红旗。

3. 18 日（周日），教官带领国旗班进行升旗仪式的训练，队员训练刻苦，展示了吃苦耐劳、积极上进的良好风貌。

4. 整理规范各项工作档案及各班学生档案。

七、实训中心组织飞机维修技能培训

为进一步提升通用航空器维修专业建设和人才培养质量，备战今年 8 月即将召开的第一届“智联友道杯”全国航空职业院校飞机维修技能大赛，达到“以赛促教、以赛促学”的目的。本周，实训中心完成了竞赛项目中钣金铆接、标准线路部分的设备进场及调试工作，并组织 17 名竞赛组学生参加了第一次技能培训。

此次培训，学院聘请经验丰富的指导教师介绍大赛背景、比赛规则、基础工具使用、设备认知及使用等内容。通过培训，学生们对大赛有了更清晰的认识，进一步明确了备赛方向。下一步，实训中心将继续对参赛组成员进行专业强化培训，力争在此次全国大赛中取得佳绩。

八、实训中心组织无人机专业学生参与AOPA基地建设

实训中心组织无人机专业学生参与AOPA基地建设

着眼学院无人机专业集群建设，实训中心将在今年完成AOPA无人机技能证书培训基地建设。我院的AOPA无人机技能证书培训基地是中国航空器拥有者及驾驶员协会（中国AOPA）授权的无人机培训机构，基地建成后，将向本校学生及校外学员提供中国AOPA考证课程与行业应用课程，极大减少我院相关专业学生的考证投入，使学员们在培训过程中快人一步掌握行业需求技能，增加就业优势。

本周，实训中心组织我院无人机专业学生参与了基地建设过程中的场地平整工作，师生齐上阵，期待我院AOPA基地早日建成。

2021年办学工作简报第十一期：学习督导·义务植树

2021年4月19日—25日，市委党史学习教育巡回指导组莅临我院督导调研，指导我院党史学习教育工作，希望我院党史学习教育高标准推进，走心走实走深，切实将党史学习教育成果转化为造福师生的实际成效。同时，学院教务、学生管理等方面工作也有序推进。

一、市委党史学习教育第十五巡回指导组莅临我院督导调研

23日上午，大同市委党史学习教育第十五巡回指导组副组长曹成海，成员史国成、王静，联络员秦伟一行莅临我院巡回指导工作，督促指导党史学习教育开展情况，全面调研党史学习教育部署安排、学习宣传氛围营造、图文简报资料整理、亮点特色典型做法等工作。雷晓锋院长、办公室负责人曹永明、辅导员代表杨小强、教师代表王丽楠、思政教师代表郭文婷、学生代表杨颖参会。

雷院长就我院党史学习教育阶段性开展情况进行汇报，主要从基本情况、主要特点、存在问题、努力方向4个方面做了总结。雷院长还对我院在党史学习教育当中的创新特色和“我为群众办实事”具体活动进行了补充说明。

督导组一行对我院党史学习教育工作给予充分肯定，认为我院对党

史学习教育高度重视，行动迅速，安排部署到位；领导干部率先垂范，在党史学习教育上先学一步、多虑一分；“微学习”专项工作、集体备课等活动特色鲜明，学习氛围浓厚；形式方法多样，积极创新；积极回应师生关切，认真研究教师定岗定编和评价方案。并进一步指出在今后工作中的要求：

第一要进一步压实责任，分层次、分阶段地细化工作举措，确保党史学习教育层层衔接、环环相扣、紧密有序，不断向纵深推进；

第二要组织引领广大党员持续发力学好党史，切实做到学史明理、学史增信、学史崇德、学史力行，把握方法，深学细悟，真正做到入脑入心；

第三要把“我为群众办实事”贯穿党史学习教育始终，巡回组对我院教师编制和工资问题表示了关切，愿同我院一道，协助解决教师编制等相关问题。切实将党史学习教育的成果转化为造福师生的实际成效，把党史学习教育凝聚的精神力量转化为拓展工作新局面的强大动能。

二、我院教师参加2021年度大同市教育系统党务工作者培训会

20日，2021年度大同市教育系统党务工作者培训会在市示范性综合实践基地报告厅举行。本次培训为期一天，采取专题辅导、小组讨论、撰写心得体会的方式进行，重点围绕中国共产党党史、“三会一课”及如何开好民主生活会和组织生活会等内容进行专题授课，授课主题清晰、立意高远，既有理论高度，又有实践深度。尤其是对基层党务工作者工作中存在的困难、问题逐一进行了解答，具有很强的指导性和操作性。此次培训为我院党务工作者进一步理清了工作思路，指明了努力的方向，为我院党建工作再上新台阶打下了坚实的基础。

三、教务处召开处室工作会议安排近期重点工作

23日，教务处召开处室工作会议，会议以阶段性工作总结、遇到的

问题以及分析解决办法、下一步工作计划为主题，教务处成员针对各自工作做交流发言。

下一步，教务处主要围绕三项重点工作进行推进：一是教师的档案收集整理存放，选定档案室位置，配备相关硬件设施，做好长期存放规划；二是策划教师技能大赛，拟定大赛方案；三是做好6月统招招生宣传方案，开始准备相关招生小组、宣传资料、宣传册等。

会议指出，教务处全体成员要遵守学院劳动纪律，加强岗位意识，做好本职工作，工作中讲奉献，树立良好的处室形象，认真落实各项教学相关工作。各成员要明确目标、统一思想，服务教学一线，讲政治、懂规矩，精细管理，开拓创新，团结合作，为提升我院办学质量添砖加瓦。

四、教务处有序推进教师资格认定等工作

1. 收集我院教师高校教师资格证认定相关资料，并组织普通话证书考试报名工作。

2. 上报省招生考试管理中心443名单招考试预录取学生数据，制作单招宣传方式效果统计图。同时完成2020级扩招生中退伍军人身份认定及学费减免审核工作。

3. 图书馆8名勤工助学岗学生已全部上岗，主要工作内容是负责数字和报刊阅览室的管理。

4. 统计并保留应征入伍学生学籍，目前已有7人应征入伍保留学籍，实际在校人数为798人（根据学籍系统统计）。

5. 完成教学设备的日常维护工作。

五、学工部组织召开全体学生大会

本周，学工部组织召开全体学生大会，会上学工部负责人总结开学以来学生工作部的工作开展情况，对学生中存在的一些问题进行引导和

劝诫，同时向同学们发出“背书包”倡议，并对近期各项活动安排进行说明。

学工部组织召开的全体学生大会

同时组织图书馆、学生处、实训中心的 5 类勤工助学岗位面试，共选出 26 名学生走上勤工助学岗位。起草扩招退役士兵学生国家资助申请表填写指导书，对我院 2020 级扩招学生中符合相关政策的 178 名学生进行针对性指导。

六、学工部组织学生参加义务植树活动

参加义务植树活动的师生

本周，学工部组织辅导员、教官及学生参加由世家康养小镇发起的“军民一家亲，青山绿水情”义务植树活动。

七、辅导员安排落实本周班团会，并有序开展各项学生活动

本周班会内容：校园安全、上课纪律和班风学风建设。

本周团会内容：学习习近平《论中国共产党历史》节选内容。同时，组织开展“红色家书”展演第一次彩排，由各系辅导员对展演节目进行筛选和指导。此外，安排学生参加教育部社科司与人民网联合举办的“同上‘四史’思政大课”活动。

2021 年办学工作简报第十二期：五一假期·校园安全

2021 年 4 月 26 日—5 月 2 日，我院根据上级部署，认真梳理“我为群众办实事”事项，坚持以师生为本，切实将党史学习教育效果转化为实际工作成效，努力开创学院发展新局面。本周，学院教务、人事、学生管理、安全稳定等工作也有序推进。

一、召开第五次理论学习中心组（扩大）会议

4 月 28 日上午，我院在办公楼 10 层会议室召开第五次理论学习中心组（扩大）会议，围绕改革开放历史新时期开展专题研讨，同时学习习近平总书记对职业教育工作作出的重要指示以及习近平总书记在清华大学考察时的重要讲话精神。我院各单位负责人及全体党员参加会议，会议由雷晓锋院长主持。

在全体党员开展自主学习的基础上，4 位与会同志进行发言。马峥老师深刻论述了百年党史中的人民内涵、奋斗内涵、创新内涵，指出作为图书馆工作人员要坚持奉行“服务第一，读者至上”的宗旨；王俊杰老师在党史学习教育中感悟“三种情怀”，即理想情怀、家国情怀、为民情怀，并指出要运用到实际工作中，坚持实干高效原则；孙泰老师立足职业教育，深刻思考职业教育的使命与历史担当，指出职业教育大有

可为，师生要坚定理想信念，还结合自身英语教学工作，交流课程思政的实践经验；郭丽媛老师回顾了改革开放历程，指出要时刻学习历史，展望未来，奋斗始终。

雷晓锋院长在交流中指出，要树立正确的党史观，辩证看待改革开放前后两个历史阶段，要以《关于建国以来党的若干历史问题的决议》及习近平总书记关于改革开放相关论述的重要文献为参考，用联系、全面、发展的观点看问题，不割裂、不否定，深刻认识历史发展的复杂性，遵循历史发展规律。雷院长指出，同志们要充分认识职业教育在国民教育体系中的支撑作用，明确定位，教师的发展要融入职教大环境中，以培养技能型人才为目标，努力成长为“双师型”教师，学院的专业体系、人才体系、治理体系要不断适应新时代，把握发展核心规律，同时，坚持党对教育工作的领导，坚持立德树人根本任务，提高人才培养质量，培养适应社会、适应岗位的人才。

雷院长强调，学院教师要置身职教领域，转变角色，从管理向服务转变，从做事向谋事转变，变被动为主动，勇于担当，谦虚谨慎，求真务实，在实践中汲取前行的动力，做学院发展的排头兵！

二、组织党员干部同步参加北航网络专题学习

4 月 28 日上午，我院在办公楼 10 层会议室举办党史学习教育专题讲座，与北航同步开展网络学习。学院全体党员干部观看北航高宁教授讲授“从党史看党章——以入党誓词为例”的报告，讲座由雷晓锋院长主持。

在讲座上，高宁教授以党章为主题，用党史的方法，论证了党章在中国共产党事业中的重要地位，指出党章集中代表了全党的根本意志，是规范党内政治生活、调整党内关系、规范和约束全党行为的根本大法，对整个党的建设具有根本指导作用。讲座还以入党誓词为例，详细分析了入党誓词与中国共产党章程在逻辑上的一致性。高宁教授学识渊

博，旁征博引，时政热点、名人典故信手拈来，用极具感染力的讲座为全院党员干部上了一堂深刻而又生动的党史课和思政课。

雷晓锋院长在主持中强调，同志们要以习近平总书记《认真学习党章，严格遵守党章》为参考，强化党章意识，深刻领悟学习党章的方法，结合党史学党章，做到融会贯通，内化于心，外化于行。

三、召开安全稳定工作专题会议

4 月 29 日，在五一国际劳动节假期到来之际，雷晓锋院长主持召开安全稳定工作会议，后勤处和各服务单位的负责人参加会议。雷院长强调全院要坚持底线思维，把握安全工作重点，督促各单位人员不断进行自查自改，完善对口的安全工作机制和工作流程，严格把控重点风险部位，重视安全防控工作。会后，雷院长到重点服务单位进行实地检查，对工作中存在的问题提出整改要求。

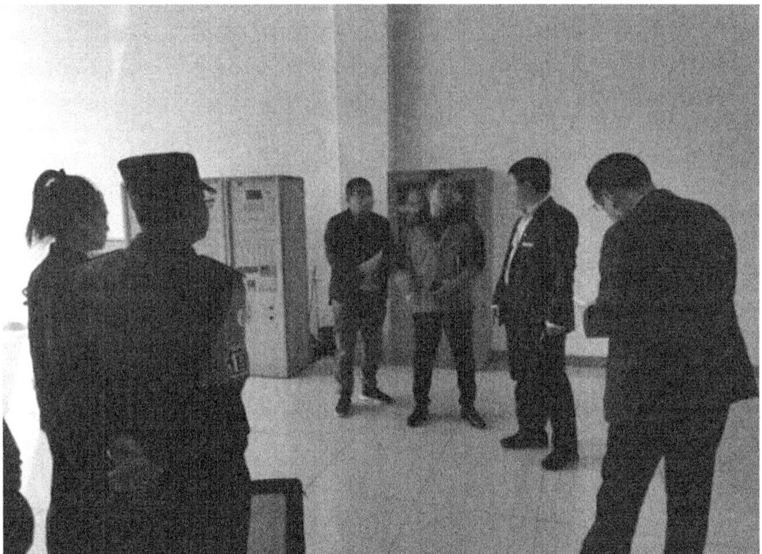

雷院长到重点服务单位进行实地检查

雷院长到重点服务单位进行实地检查

四、教务处有序推进教师课堂教学评估等工作

教学方面，教务处部分教师深入教学课堂听课，评估教师课堂教学效果，并开展节前课堂教学情况调研工作。同时，排查统计教学楼和阶梯教室中未利用教室情况，补齐教室缺失的设备配件。

招生方面，上传我院2021年招生章程至中国高等教育学生信息网“阳光高考”招生信息发布及管理平台，并填写我院在“全国普通高校招生来源计划网上管理系统”上的信息，进行专业目录编制工作。

人事及学籍管理方面，收集整理教师人事档案，汇总教师个人档案信息。上报高等教育季报，即2021年第一季度学生变动情况表，处理学籍问题。

五、学工部召开两次会议推进学生会筹建等工作

本周，学工部召开两次工作推进会议，部门负责人就落实学院运动

会、社团活动、学生会筹建、学生五一放假安排等工作进行安排部署。

学工部组织开展学院学生会筹备组面试工作，从 133 名报名者中选拔 30 名品学兼优、素质过硬的同学组建骨干团队。

学生资助方面，向省资助中心报送《2021 年国家开发银行经办的国家助学贷款工作指引》执行情况和《山西通用航空职业技术学院 2020 年度教育资助工作总结》；发放 2020—2021 学年春季学期国家助学金，共计发放财政经费 31.82 万元，资助学生 178 名，并已录入全国学生资助系统；整理扩招学生中需要办理学费减免的学生材料。

六、辅导员安排落实本周班团会

本周班会内容：开展五一假期学生安全教育；发布“山航首届校园科技文化节”通知，动员学生积极报名参赛；动员学生做好接种第二针新冠疫苗准备。

本周团会内容：学习习近平《论中国共产党历史》节选内容。统计完成“三晋通”疫情防控表，并督促学生完成每日企业微信体温上报工作。同时，组织开展“红色家书”展演第二次彩排，部门负责人对每一个参演节目进行详细指导。

七、成立伙食委员管理会

本周，后勤处牵头正式成立山西通用航空职业技术学院伙食委员管理会，师生代表与食堂负责人进行面对面沟通，对提高食堂管理水平和饭菜质量等提出意见和建议。

八、计财处完成政府财务综合报告上报工作

本周，计财处按照财政部门要求按时完成 2020 年度政府财务综合报告的上报工作。

2021 年办学工作简报第十三期：国旗护卫队成立

2021 年 5 月 3 日—9 日，我院巩固深化党史学习教育，通过举办纪念活动激励全院青年师生继承发扬“五四”精神，重温党的百年光辉历程，坚定不移跟党走，增强理想信念。本周，学院教务、学生管理、实训等工作也有序推进。

一、举办“学党史、强信念、跟党走”纪念五四运动 102 周年暨国旗护卫队成立大会

8 日清晨，我院组织全体学生参加“学党史、强信念、跟党走”纪念五四运动 102 周年暨国旗护卫队成立大会。雷晓锋院长出席并讲话，学工部负责人曹永明主持会议，学工部教师、全体辅导员参加。

雷院长为山航国旗护卫队授旗并宣布山航国旗护卫队正式成立，同时寄语我院青年师生：在思想上，继承和发扬“五四”光荣传统，自觉担负起时代重任，奋发有为，以青春活力和满腔热情，在实现中华民族伟大复兴中国梦的征程中奉献青春；在行动上，从“五早”等学校各项日常管理规定做起，从个人大学职业生涯规划着手，勤奋好学，积极思考，大胆创造，勇于担当，身体力行做好新时代的参与者、建设者、见证者。

二、教务处推进学院教学、人事、图书馆管理等工作

1. 完成教师技能比赛计划，拟订比赛方案初稿。完成阶梯教室的维护。

2. 收取学院教师人事档案，收集整理定薪级工资的审核材料。完成外聘教师合同签订、保险办理工作。

3. 完成图书馆一楼布局调整，重新整理书架十余组。

三、学工部有序安排疫苗接种等相关工作

1. 参加全省学校安全工作视频会议，对于如何做好校园安全进行学习，对其他高校在保障学生安全方面的好经验进行学习。

2. 统计全院学生疫苗接种情况，包括接种 1 针、接种 2 针、未接种（不愿意接种）、未接种（未成年）、未接种（接种禁忌）等情况，与不愿意接种学生逐一谈话动员，基本实现“应接尽接”。

3. 完成《山西通用航空职业技术学院心理健康状况大排查总结》《学校严重心理问题学生登记台账》《严重心理问题学生登记台账汇总表》等心理大排查资料，并向山西省教育厅报送。

四、辅导员安排落实本周团会，组织学生文娱活动

本周团会内容：学习习近平《论中国共产党历史》节选内容。同时，核实学生五一期间离校、返校、跨省出行情况，逐一落实未及时返校学生情况。组织学生参加“网络歌手大赛”和“山航蓝天之声”合唱团。

五、后勤处完成学生公寓、教学楼的窗帘安装

为进一步提升我院师生学习生活质量，优化校园环境，后勤处完成学生公寓及教学楼的窗帘安装。

六、实训中心积极筹备首届科技文化节暨“蓝天杯”技能创意大赛

实训中心积极筹备首届科技文化节暨“蓝天杯”技能创意大赛

本周，实训中心积极筹备首届科技文化节暨“蓝天杯”技能创意大赛。前期进行专项调研，在征求各专业教师及学生意见后，设计6项比赛，包括无人机空投小球比赛、无人机竞速赛、纸飞机飞行竞赛、飞机维修技能竞赛、民航运输技能竞赛、学术创意作品比赛。为保障大赛的顺利进行，实训中心制定比赛秩序册，并动员学生积极报名参赛，截至本周已收到200余份参赛报名表。接下来，实训中心将做好比赛场地及设备准备工作，确保各项赛事顺利进行。

2021 年办学工作简报第十四期：理论学习·重点工作推进

2021 年 5 月 10 日—16 日，我院组织召开 2021 年重点工作推进情况汇报会。本周，学院教务、学生管理、校园安全等工作也有序推进。

一、学院召开第六次理论学习中心组（扩大）会议

12 日下午，我院在办公楼 10 层会议室召开第六次理论学习中心组（扩大）会议，深入研读《习近平新时代中国特色社会主义思想学习问答》，并围绕学习党的十八大以来的历史开展专题研讨。我院各单位负责人及全体党员参加会议，会议由雷晓锋院长主持。

在全体党员开展自主学习的基础上，6 位与会同志进行发言。吉昭老师从党的非凡历史中坚定信仰信念、牢记初心使命、汲取奋进力量；高利老师论述了青年学习党史的重要性，并结合通航教育谈了青年学生的历史使命；张茜老师论述了党在不同历史时期团结带领中国人民实现的伟大历史飞跃，并结合所带“民俗学”课程谈了基于中华优秀传统文化的课程思政的探索；赵英富老师以“砥砺奋进，破茧成蝶”为主题，从“历史性”“深层次”“根本性”三个方面论述了党的十八大以来党和国家事业发生的历史性变革；张新旺老师从党在不同历史时期奋斗历程的角度深刻论述了扎实开展党史学习教育的意义；陈少华老师结合自身

后勤工作，指出通过党史学习教育要不断提高自身服务保障能力，以师生为本，锲而不舍、一往无前。

雷晓锋院长从历史、理论和实践三个视角交流认识和体会。从历史的视角看，习近平新时代中国特色社会主义思想是当代马克思主义、21世纪马克思主义。其产生不是孤立的，其状态不是静止的，是对马克思列宁主义、毛泽东思想、邓小平理论、“三个代表”重要思想、科学发展观的继承和发展，其脉络是一脉相承的，并且随着中国特色社会主义事业的推进在不断丰富和发展，我们要及时跟进学习贯彻。从理论的视角看，习近平新时代中国特色社会主义思想内容丰富、思想深邃，对共产党执政规律、社会主义建设规律、人类社会发展规律都有极大的理论贡献，同志们要把握“八个明确”和“十四个坚持”核心内容学习新思想。从实践的视角看，要把自己摆进去、把岗位摆进去，以实际行动践行习近平新时代中国特色社会主义思想，用党的最新理论成果武装头脑，端正学习态度，读原著、学原文、悟原理，提升学习效果。

雷院长强调，习近平新时代中国特色社会主义思想载入宪法，实现国家指导思想的与时俱进，反映了全国各族人民共同意志和全社会共同意愿，同志们要结合个人和岗位实际，进一步学习和思考，用习近平新时代中国特色社会主义思想指导工作实践。

二、组织召开部门2021年重点工作推进情况汇报会

13日—14日，学院办公室、教务处、学工部、财务处、后勤处、实训处各部门负责人围绕我院2021年工作要点任务分解表，向雷院长汇报本部门各方面工作进度安排与阶段性目标达成效果。雷院长认真听取汇报，并对各部门下一步工作重点提出指导意见。

三、召开学院安全工作专题会议

本周，雷院长主持召开安全工作专题会议，就学生请假、值班会

议、突发事件应急处置等相关问题进行安排部署。

四、教务处组织学生普通话考试培训，草拟统招计划

1. 组织学生普通话考试培训，制作普通话培训学习资料并印刷。

2. 更新本省及外省的招生计划数，开展统招工作人员统计与分配，草拟各地高考招生初步计划。

五、学工部加强学生日常管理，组织各项文娱活动

1. 12 日，开展学生宿舍卫生评比工作。

2. 组织开展“校园歌手网络大赛”网络投票活动，选出了本月最佳歌手，并将参赛作品报送大赛组委会。

3. 组建“山航蓝天之声”合唱团，认真排练，积极参加山西省高校合唱比赛。

2021 年办学工作简报第十五期：首届科技文化节暨“蓝天杯”技能创意大赛启动

2021 年 5 月 17 日—23 日，我院首届科技文化节暨“蓝天杯”技能创意大赛拉开帷幕，大赛旨在以赛促学，激发学生创新意识，营造“通航报国，志在蓝天”的校园文化氛围。本周，学院人事管理、学生教育、招生、实训等方面工作有序推进。

一、举办首届科技文化节暨“蓝天杯”技能创意大赛启动仪式

19 日，由实训中心承办的首届科技文化节暨“蓝天杯”技能创意大赛启动仪式在报告厅成功举行。大同市人民政府副市长马安全，市教育局党组书记、局长范振凯，市教育局党组成员、副局长孙朝及部分通航企业负责人出席启动仪式，雷晓锋院长主持仪式。

作为航空类院校，学院自创办以来始终坚持打造航空科技文化、彰显通航办学特色，营造“通航报国，志在蓝天”的校园文化氛围。科技文化节及技能创意大赛的举办，可以更好地以赛促学，给在校学生提供一个切磋技艺、展示水平的舞台；同时，将激发青年学生的创新意识，促进专业技能的提升，增强科研探究的热情，为学生们成长为高水平技能型人才打下坚实基础。雷晓锋院长强调，习近平总书记近期对职业教

育工作做出重要指示，让我们在习近平新时代中国特色社会主义思想指引下，扛起转型发展蹚新路的职业教育责任，在通航产业高质量发展进程中奋发有为，创造出无愧于新时代的崭新业绩。接下来，各类活动及各项赛事将在本月有序举行。

二、教务处推进人事管理和培训等相关工作

本周，教务处收取干部人事履历表，收取 70 名教师人事档案，开始按照干部人事档案目录进行分类整理，整合工资审验各项材料，上报教育厅。同时，落实教师教学技能比赛方案，根据本学期参赛教师申报情况安排录课时间。

招生方面，完成 2021 年高考招生宣传方案的制定，落实人员安排，设计并印制招生指南、招生海报、招生简章折页、招生宣传小礼品（扇子）。

三、学工部召开运动会筹备推进会，组织安排合唱团进行排练

学工部发布召开我院首届体育运动会的通知，并积极动员学生参加

“山航蓝天之声”合唱团排练作品

各项目报名。学生处全体人员和体育组教师召开运动会筹备推进会，明确运动会的具体流程，确定相关人员负责的具体环节，梳理运动会所需物料清单，并向供应商询价。

本周学工部组织“山航蓝天之声”合唱团进行合唱排练，并录制参赛作品，报送大赛组委会。

四、学工部学生日常管理工作有序进行

1. 根据开学以来学生请假条使用情况，征求汇总各单位意见和建议，重新制作新的请假条，完善学生请假的流程，实行科学有效的闭环管理。

2. 根据我院科技文化节活动安排，于 2021 年 5 月 22 日组织学生分批次走进山西省科普教育基地——大同轻型飞机制造有限公司进行参观访学，实地感受先进的生产技术和浓厚的航空文化。通过参观通航产业园企业这一活动，广大学生切身感受到随着我国通航产业的快速发展，通航产业前景广阔，大有可为。同时，此次活动也在学生们心中种下一颗践行“通航报国，志在蓝天”使命的种子。

3. 充分利用每天早锻炼时间，由管理教官组织学生进行运动会开幕式彩排预演。

五、“蓝天杯”技能创意大赛无人机空投小球赛开赛

本周，我院首届“蓝天杯”技能创意大赛无人机空投小球赛在学院文化馆开赛。

本赛项以班级为参赛单位，通过操纵多旋翼无人机，将无人机搭载的乒乓球准确投放到桶内，在规定时间内投进乒乓球数目多者获胜。比赛考查学生无人机操作基本技能、团队配合能力，使学生们将所学知识运用到比赛中，进一步增强班级凝聚力，在全系形成学习无人机的良好氛围。

来自无人机系的 20 个代表队进行角逐，最终无人机 3 班夺得比赛冠军。

首届“蓝天杯”技能创意大赛无人机空投小球赛开赛

六、计财处对我院 2021 年度部门预算进行公开

我院 2021 年度市财政局批复全年预算 8027. 12 万元，其中：一般公共预算 6706. 92 万元、纳入预算管理的政府性基金 348. 2 万元、财政专户管理资金 892 万元、单位资金 80 万元。计财处根据财政部门要求，对我院 2021 年度预算收支情况、政府采购情况、项目绩效目标等在大同市政府门户网站进行公开。

2021年办学工作简报第十六期：右玉精神·首届运动会

2021 年 5 月 24 日— 30 日，省委书记楼阳生视察学院，对学院办学工作给予充分肯定，并对学院发展提出要求，师生备受鼓舞。此外，我院组织党员干部赴右玉精神展览馆参观学习并举行党史学习教育专题会议。同时，学院教学、实训、后勤、学生教育与管理等方面工作有序推进。

一、省委书记楼阳生莅临我院视察

24 日，省委书记楼阳生视察我院，对学院办学工作给予充分肯定，并对学院发展提出要求，师生备受鼓舞。我院是山西省首所以培养技能型通用航空人才为主的高等职业院校。楼阳生考察了飞行实训中心、乘务实训中心、航空物流综合实验室，了解专业设置、人才培养情况，饶有兴趣地登上动感飞行模拟器，体验飞行操作演练，与实训学生亲切交谈，勉励大家努力学习，掌握一技之长，高质量办好学校，培养优秀人才，成为建设国家通用航空业发展示范省的中坚力量。

二、弘扬右玉精神，践行教育初心——学院党员干部赴右玉参观学习并举行党史学习教育专题会议

26 日，我院组织全体党员、各单位负责人及递交过入党申请书的教

职员工共计 46 人赴右玉精神展览馆参观学习，并举行理论学习中心组（扩大）第七次党史学习教育专题会议，重温入党誓词。

在工作人员的引导下，全体人员参观右玉精神展览馆。大家认真聆听、深刻领悟右玉精神，身临其境感受右玉历届县委县政府“一张蓝图绘到底，一任接着一任干”，带领右玉人民坚持不懈植树造林，矢志不移绿化家园的先进感人事迹，深刻切实地感受到了习近平总书记提出的“全心全意为人民服务，迎难而上、艰苦奋斗，久久为功、利在长远”的右玉精神。参观结束后，雷晓锋院长带领学院全体党员重温入党誓词。

在右玉精神展览馆外，全体人员召开理论学习中心组（扩大）第七次党史学习教育专题会议。雷晓锋院长在发言中指出，5 月 24 日省委书记楼阳生考察我院，对学院工作给予充分肯定，并对以后工作提出要求，让我们备受鼓舞。楼书记指出教师是基础、关键，要尽快弥补教师缺口，把教师队伍建设作为学院发展的一项重要工作，我们要严格落实楼书记的指示，最重要的是要加强教师队伍建设，尤其是教师思想政治建设。

雷院长指出，在右玉精神展览馆现场开展理论学习意义重大，右玉精神与其他革命精神是一脉相承的，有着同样的精神内核。同志们要从右玉精神中获得启发：第一，全心全意为人民服务，教师要思考如何服务于人才培养中心工作；第二，迎难而上、艰苦奋斗，作为新建院校，面对困难，第一批教师要坚守信念，共同努力；第三，久久为功、利在长远，我们要一任接一任干下去，实现学院发展目标。总之，学习右玉精神要结合自身工作实践，从右玉精神中提取更多的精神力量和精神内核，完善和激发内生动力，一起努力使学院建设更上一层楼！

三、举办首届体育运动会

29 日，我院首届体育运动会在学院体育场举行，雷院长出席开幕式

首届体育运动会

并宣布“山西通用航空职业技术学院首届学生运动会开幕”。前期，学工部精心组织筹划运动会，多次召开运动会推进会、协调会和预演彩排。本次运动会的顺利举办，增强了全体师生的健康意识和集体凝聚力，促进了我校师生身体素质的全面发展。

四、教务处与多所学校洽谈合作办学事宜

本周，教务处与太原新华电脑职业学校、大同市新荣职业中学、大同阳高县职业中学洽谈合作办学事宜。

五、教务处推进教学管理和教师业务能力大赛等工作

学籍管理方面，教务处完成 3 名学生参军入伍保留学籍工作。截至目前，今年上半年已有 14 人应征入伍保留学籍，1 人退学；实际在校读书人数为 791 人（包含扩招的在校生 11 人）；注册学籍在校生为 1114 人（不包含保留学籍、退学和休学等）。

教学方面，根据教师技能大赛时间安排，完成相关教师的录课工作。接收并摆放教材样书进行展览，以专业课程书籍为主，供各位教师下学期课程教材选择做参考。同时，验收学术交流中心 202 会议教室。

招生方面，完善 2021 年高考招生宣传方案，细化人员安排，修改微信公众号、官方网站招生简章。

人事方面，核验工资定薪的审定材料，明确各教师需要补交的证明材料。相关人员参加全市乡村振兴驻村第一书记和工作队出征动员大会。

六、学工部辅导员安排落实本周班团会

团会内容：学习习近平《论中国共产党历史》节选内容。

班会内容：安全教育专题会议，对各班学生进行田径运动会安全教育，指导各班学生填写签署《运动会安全集体承诺书》。

七、学工部草拟学院奖学金手册

学工部草拟《山西通用航空职业技术学院奖学金手册》二稿，正在拟定各分项奖学金章程。

八、后勤处举行“节约粮食，拒绝浪费，缅怀袁老”活动

为深切缅怀杂交水稻之父袁隆平先生，加强学生的爱国主义教育和感恩教育，培养学生的责任感，25 日，我院伙食管理委员会利用中午就餐时间举行“节约粮食，拒绝浪费，缅怀袁老”活动。全校师生积极参与，大家在写有“禾下乘凉梦，仓满无饥恐”和“粒粒皆辛苦，后辈不敢忘”的条幅上签字。此次签名活动，增强了全校师生厉行节约、杜绝浪费的意识。

与此同时，伙委会成员还准备了宣传板，收集师生们“写给袁爷爷的一句话”卡片留言。之后，伙委会赵槟同学朗诵了缅怀袁隆平院士的致辞，将活动推向高潮，珍惜粮食的意识深深地扎根在每一个山航人心中。

“节约粮食，拒绝浪费，缅怀袁老”活动现场

九、实训中心参加省教育系统工作推进会

25 日，实训中心相关教师参加在太原召开的山西省教育系统落实新发展阶段“人人持证，技能社会”建设提质增效工作推进会。会上，省教育厅对全省教育系统落实新发展阶段“人人持证，技能社会”建设任务进行安排部署，省教育厅、省人社厅相关处室负责人对具体操作流程进行政策解读。

教育系统特别是高等学校及职业院校是“人人持证，技能社会”培训的主力军，应当主动靠前、勇挑重担、展现作为。下一步，实训中心将强化责任意识，狠抓落实，做好 1 + X 证书试点申报，积极开展 7 技能等级评定等相关工作，确保我院按时保质保量完成工作任务。

十、“蓝天杯”技能创意大赛民航运输技能竞赛决赛开赛

28 日，我院首届“蓝天杯”技能创意大赛民航运输技能竞赛决赛成功举行。

首届“蓝天杯”技能创意大赛民航运输技能竞赛决赛

民航运输技能竞赛模拟民航货物运输中叉车、地牛、封箱、捆包、安检、条码制作、打印、托盘归置等一系列流程，考核学生的安全操作意识、设备操作技能及服务意识。经过前期预赛的激烈角逐，民航运输专业 5 个班级各派出一支代表队进行决赛的比拼。最终，民航运输 8 班代表队夺得该赛项的第一名。

十一、确定人选组建乡村振兴工作队

通过个人报名、组织选拔的程序，确定我院派驻灵丘县下关乡岗河村的乡村振兴工作队及第一书记人选，上报乡村振兴联席办。确定王俊杰担任第一书记兼工作队长，张新旺、王志远为工作队员。

2021年办学工作简报第十七期：乡村振兴工作队·后勤安全

2021年5月31日—6月6日，我院派出的乡村振兴工作队正式驻村。我院迎接山西省高校后勤安全管理检查，召开全体教职工大会，通报学院发展规划、绩效方案等事宜。同时，学院教务、学生管理、实训、招生等方面工作有序推进。

一、乡村振兴工作队正式驻村

6月1日，在雷晓锋院长的带领下，我院办公室、后勤处负责同志与乡村振兴工作队王俊杰、张新旺、王志远一道，赴灵丘县下关乡岗河村进行驻村对接并正式驻村。在岗河村，雷院长和下关乡党委书记一起，查看村容村貌，了解岗河村的实际情况，对下一步开展乡村振兴的思路进行探讨。雷晓锋院长勉励工作队员，要有踏踏实实为老百姓办实事的心态，在乡党委的领导下，积极开展工作，学院将全力支持乡村振兴工作。

了解到白求恩医院旧址就在下关乡后，雷院长一行立即进行实地学习考察，他提出，我们学院要将白求恩医院旧址设为我院青少年学生的爱国主义教育基地，结合党史学习教育，让学生感受中国共产党人在抗日战争中浴血奋战的初心和使命。

乡村振兴工作队驻村

二、迎接山西省高校后勤安全管理检查

6 月 2 日下午，山西省高校后勤安全管理工作检查调研第四组莅临

后勤安全检查汇报

我院检查指导工作，雷晓锋院长带领后勤处成员进行汇报并陪同检查。检查组通过实地调研和文件查阅的方式，从饮食安全和公寓安全两方面对我院进行细致的检查，高度肯定我院作为新建院校的工作成绩，同时也提出了宝贵的意见和建议。我院认真听取检查组的意见和建议，将及时改进存在的问题，力争把后勤工作推向更高的水平。

三、召开全体教职员工大会

6 月 2 日下午，我院召开全体教职工大会。会上雷院长对学院发展规划、绩效方案等问题进行说明，并对教学与课堂管理提出新的要求。教务处负责人纪晓平主持会议第二阶段，主要围绕我院绩效方案意见、教学中存在的问题、招生工作三方面内容进行工作安排。

会议要求，全体教师应对课堂有“敬畏感”，珍惜一线教师的宝贵锻炼机会，用心备课上课，在教学一线提升自身的综合实力。一是教师应利用空余时间相互听课，加强交流学习，发现自身教学中存在的问题，提升教学能力；二是教师应着力加强教学中的师生互动，提高课堂教学效果，进行教学反思；三是教师应加强课堂纪律管理，提高学生的纪律意识；四是学业导师在辅导学业的同时，也应关注学生恋爱问题，加强失恋后的心理疏导；五是教师应对课堂存有“敬畏感”，谨慎请假、调课，以保证正常教学秩序；六是教师应加强自身职业规划，明确努力目标，用发展的眼光和大局意识处理问题。

最后，针对招生工作，教务处负责人纪晓平对全体参与招生的教师进行了培训，并叮嘱大家在招生工作过程中注意人身财产安全及防疫安全。

四、教务处教学、招生、人事等工作有序进行

教学方面，根据相关文件完成学院拟开设公共课课时标准，结合培养方案完成二年级课程开设初稿。

各班扩招生具体信息录入、统计，以便录入全国招生7类特困生经济情况摸底调查统计表；扩招生、退役军人资助材料，有问题的学生进行进一步的指导更正与核实提交。

招生方面，根据学院最新招生安排，重新制作教师招生人员分配表，各地市招生宣传资料完成邮寄，设计录取通知书，辅助学生拍摄“高考加油”招生宣传片。向“来源计划”平台提交2021年我院高考招生阶段各专业招生计划数：山西省计划统招980人，对口升学100人，河北省和陕西省各10人，共计1100人。同时对扩招生具体信息进行统计。

人事方面，完成5月份教师出勤情况汇总工作和人事代理招聘面试工作。撰写我院教师、教辅、行政晋升通道相关材料，并继续催交定薪的审核材料。完成教师培训意向统计工作。

同时完成申报“新时代教育评价改革试点”的相关工作；根据省教育厅职成处下发的文件编写《专业建设自查报告》。

五、学工部召开工作会议对近期工作进行安排部署

本周，学工部召开学生工作部署会议，对学生处近期工作进行安排部署，全体处室人员、辅导员和管理教官参加会议。

六、学工部与团市委沟通我院团委成立事宜

本周，学工部与团市委沟通我院团委成立事宜，成功注册学院“智慧团建”账号，并开始为学生办理团关系转接。组织学生在视频分会场参加“山西英烈英模家属宣讲团主题宣讲高校报告会”，聆听英烈英模们的英雄事迹。

同时，完成运动会后续工作，制作运动会喜报，编辑新闻报道稿件，为获奖运动员发放奖品等。

七、学工部推进学生新媒体平台排查和管理工作

为维护学院良好形象，加强意识形态管理，防范违法违规行为的发生，院学工部对学生个人及社团成立的涉校名公众号和各类微信群进行严格排查，确保其内容在思想性、科学性和适宜性等方面符合党的教育方针和立德树人要求，体现素质教育导向。

八、“蓝天杯”技能创意大赛纸飞机飞行竞赛成功举行

6 月 2 日，我院首届“蓝天杯”技能创意大赛纸飞机飞行竞赛在学院文化馆成功举行。

纸飞机比赛是一项参赛门槛低、趣味性强的国际化赛事。目前，纸飞机的竞距世界纪录为 69. 14 米，滞空世界纪录为 29. 2 秒。

此次技能大赛要求参赛选手现场用一张标准 A4 纸折叠纸飞机，以飞行距离远近决定得分高低。本次比赛共有 120 余名同学报名参赛，经过一系列的角逐，最终，来自无人机 9 班的赵哲轩同学以 18. 25 米的飞行成绩夺得比赛第一名。

此项比赛的举办，使全校同学行动起来，积极参加到学院活动当中，在全校范围内形成“爱通航、学通航、懂通航”的学习氛围。

九、“蓝天杯”技能创意大赛飞机维修技能竞赛成功举行

6 月 4 日，我院首届“蓝天杯”技能创意大赛飞机维修技能竞赛成功举行。

本赛项参考全国技能大赛飞机维修项目，结合我院实际情况拟定比赛内容，侧重飞机维修关键技术考核要素和基本技能要求，比赛共设电气组件及螺栓防松组件两个项目。经过紧张的比赛，最终，来自通用航空器维修 1 班的兰沛宇同学获得第一名。

“蓝天杯”技能创意大赛飞机维修技能竞赛

飞机维修技能竞赛的举行，考察了学生专业技能的掌握程度，同时为下半年的全国飞机维修技能大赛的备赛及人才选拔提供了依据，对我院学生技能的提升具有积极的推动作用。

十、举行“红色家书诵读”活动

为庆祝中国共产党成立 100 周年，我院各系、各班认真组织党史学习教育，顺利开展“红色家书诵读”活动，在师生中引起强烈反响。

各班、各系部接到通知后，积极动员，认真组织，以班级为单位进行初赛。在复赛环节，各参赛选手充分利用 PPT、音乐、MV、情景剧等多种手段开展家书诵读活动。通过这次诵读活动，广大师生对革命先烈家书中蕴含的家国情怀、赤子之心有了切身体会，对于革命前辈所走过的艰辛历程与取得的辉煌成就有了更全面的了解，更加坚定了为民族复兴、为人民幸福而不懈奋斗的信仰。

“红色家书诵读”活动

在决赛中，各位评委对于家书诵读选手做出点评与指导，各位参赛选手情感饱满、激情演绎家书背后的故事，声情并茂的诵读激发了每一个人的爱国热情，参与师生也在活动中接受了一场爱党、爱国、爱家的生动洗礼。

2021 年办学工作简报第十八期：英语考试·招生宣传

2021 年 6 月 7 日—13 日，我院教务处完成“高等学校英语应用”能力考试 B 级的监考工作。学工部联合后勤处组织全校学生及物业人员听取关于消防知识、防电信诈骗及禁毒的讲座。同时，学院教务、学生管理、招生等方面工作也有序推进。

一、教务处教学、人事、图书馆等工作有序进行

完成 2021 年度秋季学期一、二年级开设的课程“高等学校英语应用”能力考试 B 级的监考工作。

人事工作方面，制作完成硕士专业目录；修改完善教师招聘简章、教师晋升通道相关规定；在人社局核对教师定薪资料。

图书馆接收最新报刊并录入后上架、整理阅览室图书、做好端午节图书馆开放安排、重新整理补充 2020 级扩招学生档案材料等。

二、教务处组织教师到高考考点进行统招宣传工作

6 日— 9 日，我院 43 位教师分为 22 个小组到山西省朔州、忻州、太原、晋中、阳泉、吕梁、临汾、运城、长治、晋城 10 个地市的高考考点进行招生宣传。在宣传工作中，教师们不畏酷暑，积极认真地圆满完成实地宣传工作。

2021 年山西通用航空职业技术学院高考考点实地宣传

三、学工部组织学生参加安全专题讲座

9 日，学工部联合后勤处组织全体学生及物业人员听取有关消防知识、防电信诈骗及禁毒知识讲座，并召开全体学生大会。学工部负责人曹永明针对大学生如何树立正确的恋爱观以及约束大学生恋爱行为、情感问题处理进行重点教育引导。

四、学工部开展教育资助政策宣传活动

学工部开展教育资助政策宣传活动，并将活动总结报山西省教育资助与保障中心。

五、学工部日常管理工作有序进行

1. 总结 4 月以来勤工助学学生工作情况，并报院长办公会。

2. 根据学院安排，学工部 2 名处室人员和 3 名辅导员，赴我省各地开展招生宣传工作。

3. 根据《普通高等学校军事课教学大纲》内容，开展军事理论课教研活动，分别安排 6 名辅导员准备课程内容。

4. 安排落实本周团会内容，学习《社会主义发展简史》相关节选内容。

5. 进行宿舍卫生检查，内务整理。

2021 年办学工作简报第十九期：理论学习·征兵

2021 年 6 月 14 日— 20 日，学院组织理论学习中心组（扩大）党史学习教育专题学习。同时，学院教务教学、招生、人事绩效、学生教育等工作有序推进。

一、组织理论学习中心组（扩大）党史学习教育专题学习

16 日下午，我院在办公楼 10 层会议室组织理论学习中心组（扩大）党史学习教育专题学习，学习内容包括：学习贯彻习近平总书记青海考察期间的重要讲话精神、学习贯彻习近平总书记对职业教育的重要指示和全国职业教育大会精神、学习贯彻落实习近平总书记在福建考察时的重要讲话精神。雷晓锋院长及各单位负责人、全体党员、递交过入党申请书的同志参加学习。

观看习近平总书记三次重要讲话的视频后，教职工深受鼓舞，两位与会教师进行交流发言。在学习习近平总书记重要讲话精神中，梁燕老师结合自身作为一名思政老师，对自己的工作提出新的要求，并且要把“使命”牢记心中，从一个新的高度认知思政教学，引导学生爱国爱党，做一名乐为、敢为、有为的新型思政老师。王瑞敏老师回顾了党的一百年的历史，回顾我党在经济建设、科技创新等领域取得的成就，结合新

时期职业教育的新要求，对职业教育的要求和发展关系进行分析，结合所从事的大学语文教学工作谈了心得体会。

雷院长在交流中指出，党史学习教育就是要从党的历史经验中汲取智慧和营养，传承和发扬我党不懈奋斗的精神品质，我们要在学习中把握国家发展的大趋势和发展方向，与国家的大局方针同频共振。雷院长强调，党史学习教育要求我们传承党的光荣传统和优良品质，以昂扬的精神状态投身实际工作中。作为职业院校的一员，我们一定要转变观念，深入挖掘产业和市场的需求，培养有特色、有能力的毕业生，这样才能在以后的就业方面有所突破。最后，雷院长对我院教学方面也提出新的要求，要求在教学过程中，增强学生的信心，转变学习观念，增强教学水平，为培养高素质的技能型人才贡献力量。

二、教务处教学、招生、人事等工作有序进行

教学工作：组织开展本学期期末考试准备工作，包括试卷制作、考试时间及考试科目的确定等；制作 2021—2022 学年第一学期的教学日历；安排扩招平台第二学期课程并进行超星网课对接；安排扩招生期末考试事宜；继续整理补充 2020 级扩招在校学生档案，对仍存在短缺的 25 名同学催缴；管理维护教学设备，保障正常的教学秩序。

招生就业工作：核对我院陕西招生计划；制作 2021 高考招生简章微信小程序版；修改 H5 招生宣传长页；回收招生宣传展架；搜集各地区的招生工作总结；完成“阳光高考”平台上 2021 年全国普通高校招生网上咨询周填报工作；接待来校进行参观的考生及家长；在校内放置招生宣传展架：办公楼、教学楼、实训中心、图书馆、学术交流中心、餐厅、男生宿舍楼、女生宿舍楼，共 8 处；外出考察太原机场，了解航司用人情况及其发展方向。

人事绩效工作：领取高校教师资格证书及档案；完善教师的工资定薪及手续；完成与劳务派遣人员派送单签字盖章；完成 5 月教师考勤签

字；教职工讨论通过《山西通用航空职业技术学院奖励性绩效工资考核与发放方案（试行)》,并签字；整理复印教职工入职相关材料。

三、学工部配合云州区武装部开展征兵宣传工作

大同市云州区武装部来我院对接征兵报名及征兵宣传工作，学生工作部全力配合完成征兵宣传工作，发布了征兵网上报名通知。

四、学工部启动军事理论课教学准备工作

1. 成立我院军事理论课课程教学组，研究起草我院“军事理论课”教学大纲。

2. 国旗护卫队继续开展队列训练。

五、计财处完成行政事业单位内控制度报告上报工作

本周，计财处按照财政部门要求协调各部门按时完成 2020 年度行政事业单位内控制度报告的上报工作。

2021年办学工作简报第二十期：专题党课·绩效考核

2021年6月21日—27日，雷晓锋院长讲授党史学习教育专题党课。同时，学院教务教学、招生、人事绩效等工作也有序推进。

一、雷晓锋院长讲授党史学习教育专题党课

23日下午，根据《山西通用航空职业技术学院开展党史学习教育的实施方案》，我院在报告厅举办党史学习教育“学党史、颂党恩、跟党走”专题党课。学院800余名师生聆听党课。

开讲前，全体师生起立高唱《没有共产党就没有新中国》。

雷晓锋院长在专题讲座中，紧紧围绕“马克思主义为什么行”“中国共产党为什么能”“中国特色社会主义为什么好”三个主题，跨越时空，回顾历史，进行场景对比，从历史这部教科书中寻找答案。从《辛丑条约》的屈辱开始，讲到了新文化运动先驱李大钊同志的慷慨就义，讲到了夏明翰同志的一家英烈；从方志敏同志的革命热血讲到了中华人民共和国和平时期“两弹一星”功勋的伟大成就；从党的优秀干部焦裕禄讲到了钟南山、戍边英雄等，使广大师生对中国共产党的奋斗历程有了新的认知。

雷院长结合大事件，讲述了我党付出巨大牺牲，从无到有、从弱走

雷晓锋院长讲授党史学习教育专题课

强，在革命、建设、改革的各个历史时期取得伟大成就，带领全国各族人民从站起来、富起来走向强起来，并为实现中华民族伟大复兴的中国梦而不懈奋斗。一个个实例，印证了马克思主义行、中国共产党能、中国特色社会主义好！

最后，雷院长要求全体师生要树立正确的党史观，坚定信心跟党走，与祖国共奋进，坚持实干兴邦，力争做到“慎初、慎微、慎独”，发挥集体团队的作用，做好当下的具体工作，踏实走好每一步，为实现中华民族的伟大复兴而不断努力奋斗。

二、教务处参加学籍学历管理视频会议及新华学校新专业发布会

23 日下午，教务处参加“2021 年全国高校学籍学历管理工作培训视频会议”。培训针对“三大注册”问题进行重点解读：①学籍注册方面：对新生入学资格审核、保留入学资格、取消入学资格、学籍验证报告进行解读。②学年注册方面：对转专业、转学、转学备案、休学与复

学、退学、退学后能否恢复学籍等进行解读。③学历注册方面：对毕业与结业、学历备案表、学历证明书、学历证明书备案表、辅修专业证书、辅修专业证书备案表等进行介绍。

教务处负责人参加新华互联网科技七大产业技术实训中心举办的HST211人才培养计划启动暨山西新华电脑学校2021年新专业发布会，举行我院与山西新华电脑学校的校校合作学历提升签约仪式，参观乘务实训基地，参加实训室剪彩仪式。此次会议深化了我院与山西新华电脑学校的合作，有力地促进我院的影响力及招生工作。

三、教学、招生就业、人事绩效等工作有序进行

教学工作方面，完成2020—2021学年第一学期课时费核对工作，2021—2022学年第一学期拟开课程初稿，以及教学日历的设计制作。安排期末考试事宜，具体包括考试时间、学生座次号、考场、监考教师、物资等事宜，并制作期末考试工作方案及PPT；组织教师对期末考试试卷进行校对；统计汇总专升本意向学生名单；扩招线下教学点教师名单。

招生就业工作方面，为了充分了解航空产业特别是通用航空未来五年对于航空类专业人才需求的状况，进一步深入校企合作意向，调整和完善我院学生培养方案，22日—26日3位教师深入北京航空类企业和基地进行全面了解和市场调研。24日高考成绩公布，咨询我校招生的人员显著增加。现有专人负责接听招生热线并为考生及家长耐心答疑，有专人负责接待来校参观咨询的考生及家长。

人事绩效工作方面，制作《山西通用航空职业技术学院奖励性绩效工资考核与发放方案（试行)》的红头文件；填报并收集全院岗位确认表、学院绩效汇总表、职工基本医疗保险参保登记表，发放人事档案回执单。

图书馆工作：清点结算本学期教材费，核算2020—2021全学年学生

个人教材费；总结撰写《图书馆安全管理情况》。

期末考试周延长图书馆开放时间为 7：30—22：30，并做好相应调整安排。

四、学工部组织学生进行消防应急演练以及疫苗接种工作

周二早操期间，学工部组织全体学生进行了安全消防应急演练。组织学生进行疫苗接种工作，并统计学生接种情况。

五、学工部其他工作有序进行

统计学生处人员 2020 年 10 月—2021 年 5 月的绩效工资以及全院的安全绩效，起草暑假放假通知，安排假期值班表，整理学院安全稳定工作落实情况相关文件资料。

六、完成第一批调入人员工资发放

本周，计财处发放了第一批调入的 9 名职工上半年工资，并缴纳了一季度住房公积金和医疗保险。

2021 年办学工作简报第二十一期：庆祝中国共产党成立 100 周年

7 月 1 日，我院组织全体师生集体观看庆祝中国共产党成立 100 周年大会实况，聆听中共中央总书记、国家主席、中央军委主席习近平发表的重要讲话。本周学院教学、招生、学生管理等工作也有序推进。

一、坚定不移听党话，矢志不渝跟党走——我院师生集体观看中国共产党成立 100 周年庆祝大会

学院师生集体观看中国共产党成立 100 周年庆祝大会

7 月 1 日上午，庆祝中国共产党成立 100 周年大会在北京天安门广场隆重举行，习近平总书记在庆祝大会上发表重要讲话。山西通用航空职业技术学院 800 余名师生齐聚学院报告厅，共同观看庆祝大会直播。

报告厅内，学院师生手持建党百年标志旗帜，以及“热烈庆祝中国共产党成立 100 周年”“庆建党之壮举，祝中华之豪迈”等标语，跟随直播音乐高唱《没有共产党就没有新中国》。在聆听习近平总书记重要讲话过程中，广大师生用热烈的掌声表达崇高的敬意和浓浓的爱党深情。

通过集体观看庆祝中国共产党成立 100 周年大会，我院全体师生深受鼓舞，思想受到深刻洗礼，理想信念更加坚定，纷纷祝福伟大、光荣、正确的中国共产党，并将认真学习贯彻习近平总书记在庆祝大会的重要讲话精神，坚定不移听党话，矢志不渝跟党走，为全面建设社会主义现代化国家，实现中华民族伟大复兴贡献力量！

庆祝大会结束后，部分师生畅谈了观看庆祝大会的体会。

二、组织党员干部认真学习习近平总书记参观“不忘初心，牢记使命”中国共产党历史展览时的重要讲话精神

6 月 30 日下午，我院组织全体干部、党员以及递交入党申请书的教职员工，在 10 层会议室举行集中学习习近平总书记参观“不忘初心，牢记使命”中国共产党历史展览时的重要讲话精神的活动。

雷晓锋院长在领学中指出，6 月 18 日，习近平总书记前往中国共产党历史展览馆，参观“不忘初心、牢记使命”中国共产党历史展览，就是要在迎来中国共产党成立 100 周年之际，回顾建党百年的光辉历程，重温庄严而神圣的入党誓词，极大地激发中国共产党人的自豪感和使命感，彰显“不忘初心、牢记使命”的奋斗情怀。习近平总书记强调，我们党的一百年，是矢志践行初心使命的一百年，是筚路蓝缕奠基立业的

一百年，是创造辉煌开辟未来的一百年。回望过往的奋斗路，眺望前方的奋进路，必须把党的历史学习好、总结好，把党的宝贵经验传承好、发扬好，铭记奋斗历程，担当历史使命，从党的奋斗历史中汲取前进力量。

雷院长在总结中指出，我们要认真学习领会习近平总书记重要讲话精神，坚定理想信念，学好用好党的创新理论，把“两个维护”转化为自觉行动。要赓续红色血脉，发扬光荣传统，发挥先锋模范作用，立足新发展阶段、贯彻新发展理念、构建新发展格局，全面做好改革发展稳定各项工作，汇聚起全面建设社会主义现代化国家、实现中华民族伟大复兴中国梦的磅礴力量。雷晓锋院长指出，在实现第二个百年奋斗目标的历史新起点上，我们要更加紧密地团结在以习近平同志为核心的党中央周围，坚持以习近平新时代中国特色社会主义思想为指导，增强“四个意识”、坚定“四个自信”、做到“两个维护”，为夺取新时代中国特色社会主义伟大胜利、实现中华民族伟大复兴的中国梦继续奋斗。

三、教务处召开期末考试考务会

6 月 29 日下午，教务处全体人员在阶梯教室 202 参加 2020—2021 学年第二学期期末考试考务会。教务处负责人纪晓平主持会议，针对期末考试工作、假期工作进行安排部署。

会议要求全体考务人员及监考教师应当严格遵守监考相关规定，认真严肃对待监考工作，为学生营造公平公正的考试环境，圆满完成监考任务。另外，教师应充分利用宝贵的假期时间，在企业挂职锻炼、充电考证、参加教师培训等充实提升自我。

四、教务处教学、招生就业、人事等工作有序进行

教学工作方面，完成 2020—2021 学年第一学期的课时统计及核对确认工作。对接超星网课，在扩招教学平台发放新学期课程，涵盖公共课

和专业课等共计 16 门。安排暑期扩招线下教学课程表以及线下教学点教师，以保证暑假期间扩招教学工作的顺利开展。

学籍管理方面，办理 1 名学生退学。截至目前，今年上半年已有 2 人退学，14 人应征入伍保留学籍（包含扩招在校生 1 人）。实际在校读书人数为 790 人（包含扩招的在校生 10 人）。注册学籍在校生为 1113 人（不包含保留学籍、退学和休学等）。

继续做好招生咨询工作，接听招生热线并为考生及家长耐心答疑，本周有较多的家长咨询对口升学相关事宜，在图书馆设立专门接待点，配备教师负责接待来校参观咨询的考生及家长，回答“阳光高考平台”上关于我校招生的问题，并进行置顶处理，以便更多的考生可以看到信息。

核算汇总全院从 2020 年 10 月—2021 年 6 月的工资绩效，进行全院新入职教师医保征缴情况摸底，并向人社局和医保局问询、办理社保缴纳相关手续，完成“考试绩效”制表工作，相关教师签字确认。

核算各专业学生 2020—2021 学年教材费，统计减去开学初代收 500 元后、需要补缴教材费学生名单，通知各班到财务处补缴相应费用。解决教室设备出现的问题，以保障教学工作的顺利进行。

五、学工部日常教育管理工作有序进行

学工部组织召开学工部、后勤处、物业公司联席会议，就近期学生关注的各项问题交换意见，研究讨论解决方案，明确各方管理责任。组织开展学生宿舍安全大检查，排除学生宿舍中存在的安全隐患。整理教育厅安全检查各项文件资料。

六、实训中心完成飞机维修实训室验收

7 月 1 日，经院长办公会同意，实训中心圆满完成学院飞机维修实训室的验收工作。

按照学院办公会的统一安排，实训中心高度重视此次验收工作，准备了详细的验收资料，邀请来自大同北岳机场、山西航产集团机务工程技术分公司的3位专家参加验收工作。由多方专家组成的验收工作组同承建方共同召开验收专家组会议，集体对项目资料进行审核，随后专家们对承建方提供的所有产品实地核对，对产品实现的功能、性能进行检查和分析，一致认为项目建设基本达到了合同、设计要求，验收通过。为使项目建设能更好地为使用单位服务，充分发挥其作用，专家建议承建方加强项目的运行维护、用户培训，对操作平台进行必要的改良，并配齐所需耗材及工具。

实训室是重要的教学实践场所，此批次实训室的顺利验收，保障了学院后续教学工作的顺利开展。实训中心在接收飞机维修实训室后，将严格按照实训室管理有关规定，维护好实训室设备的正常运行，做好运行、维护、消防安全等工作，坚持“以学为本，为学服务”，达到切实提升学院人才培养能力的目标。

2021年办学工作简报第二十二期：通航产教融合高峰论坛

2021年7月5日—11日，省委书记林武视察学院，广大师生深受鼓舞。我院组织“2021中国·通航产教融合高峰论坛”。同时，学院教学、招生、人事绩效、学生教育管理等工作有序进行。

一、省委书记、省人大常委会主任林武莅临我院视察

7日下午，省委书记、省人大常委会主任林武莅临我院视察调研。省委常委、大同市委书记张吉福，省委常委、秘书长李凤岐，副省长王一新参加。

林武书记听取学院情况介绍，亲身体验模拟飞行。并指出，要深化产学研合作，提升教学实训水平，加强基础设施建设，拓展应用场景，进一步构建集研发制造、教育培训、运营服务、特色文旅于一体的全链条产业体系。还强调要聚焦建设通航强省目标，切实把通航产业做大做强。

二、通航产教融合，助力转型发展——“2021中国·通航产教融合高峰论坛”举办

10日，在大同市人民政府和全国航空工业职业教育教学指导委员会

指导下，由我院主办的“2021 中国 · 通航产教融合高峰论坛”在大同市云冈建国宾馆隆重开幕，来自全国的通航产业专家汇聚一堂，共议中国通用航空产教融合发展。山西省大同市政府、发改委、教育局及通航产业园领导，来自全国航空、职业教育行业监管和指导机构代表、通航产业链各代表企业、全国数十家航空职业教育机构代表等共同出席了开幕和签约仪式。

“2021 中国 · 通航产教融合高峰论坛” 会场（1）

与会嘉宾共同见证了山西通用航空职业技术学院与北京智联友通科技有限公司、北京零创众成科技有限公司、中关村意谷（北京）科技服务有限公司、华舰通航机场运营管理（大同）有限公司、山西万鼎工程勘测设计有限公司等 5 家企业进行的通航产业校企合作签约。北京智联友通科技有限公司与张家界航空工业职业技术学院、三亚航空旅游职业学院、济南职业学院等 3 家职业教育院校也进行了产教融合、校企合作签约。

为期 3 天的高峰论坛内容丰富，除了重要领导的讲话致辞和行业及教育权威的主题演讲外，还有同行和职业教育各领域专家、企业家的专业分享。论坛期间，多位专家围绕“产教融合如何让通航产业成为地区重点产业”这一主题进行了圆桌对话。围绕通航产业，与会方各抒己见，分别从政府、行业指导机构、职业教育院校、企业等角度，就产业发展和人才培养等核心话题碰撞观点，统一思想，为新时期全国通航产业产教融合发展献计献策。

此外，论坛期间还安排与会嘉宾参观大同通航产业园和山西通用航空职业技术学院。11 日—12 日，论坛还组织部分老师代表，接受高校航空专业标准师资专项培训。

“2021 中国 · 通航产教融合高峰论坛” 会场（2）

三、学院党史学习教育专题读书班开班并组织第八次理论学习中心组（扩大）专题学习

6 日下午，我院党史学习教育专题读书班开班并组织第八次理论学习中心组（扩大）专题学习。会议由教工第一支部书记王文章主持，雷晓锋院长、各单位负责人、全体党员及递交过入党申请书的同志参加。

在党史学习教育专题读书班开班仪式上，雷院长做了专题报告，他指出：我们要以专题读书班为示范带动，以学习习近平总书记在党史学习教育动员大会和庆祝中国共产党成立 100 周年大会上的重要讲话精神为重点，系统学习中国共产党百年辉煌历史，引领全院党员和师生学习党史、新中国史、改革开放史、社会主义发展史。

党史学习教育读书班开班仪式

雷院长要求，要通过个人自主学习、集中学习研讨、召开支部组织生活会、开展实地研学等方式方法，坚持务实作风，沉下心来学，扎扎实实做，力戒形式主义、官僚主义，杜绝浅尝辄止、敷衍了事。要进一步增强“四个意识”、坚定“四个自信”、做到“两个维护”，进一步提高政治判断力、政治领悟力、政治执行力，进一步提升干实事、解难事、谋大事、创新事、长本事的能力水平，切实将学习成效转化为工作实效，确保学校“十四五”开好局、起好步，为扎实推进高职院校建设、培养技术技能人才、能工巧匠、大国工匠做出更大贡献。

之后，学院召开党史学习教育第八次理论学习中心组（扩大）会议。会上，雷院长带领大家深入学习习近平总书记在庆祝中国共产党成立 100 周年大会上的重要讲话精神。他说，习近平总书记在讲话中全面回顾了中国共产党百年奋斗的光辉历程，深刻阐述了党在各个历史时期创造的伟大成就，鲜明指出了中国共产党百年奋斗的伟大主题是实现中华民族伟大复兴，创造性地阐释了伟大建党精神，明确提出了在新的征程上以史为鉴、开创未来的“九个必须”要求，并向全体党员发出继续为实现人民对美好生活的向往而不懈努力，为党和人民争取更大光荣的伟大号召。习近平总书记的重要讲话高屋建瓴、思想深邃、内涵丰富，饱含着对党、对民族、对国家、对人民的深厚情感，是习近平新时代中国特色社会主义思想的又一经典力作，是庆祝建党百年之际全党最重要的一堂党史大课。对全党全国各族人民奋进新时代、开启新征程具有划时代的里程碑意义，令人深受鼓舞、深受启发、深受教益，让人心潮澎湃、豪情满怀，思想灵魂都受到了深刻洗礼，对全党进一步统一思想、提高站位，继往开来、开拓前进，努力创造不负革命先辈期望、无愧于历史和人民的新业绩，具有重大而深远的指导意义。

会议强调，全院要切实把思想和行动统一到习近平总书记重要讲话精神上来，将学习贯彻习近平总书记重要讲话精神作为当前和今后一个时期的重大政治任务，通过理论学习、中心组学习、专题读书班等形式深入学习，不断增强贯彻落实的思想自觉、政治自觉、行动自觉，不断提升政治判断力、政治领悟力、政治执行力，确保习近平总书记重要讲话精神在全院落实落细落到位。

四、我院教工第一党支部召开党史学习教育专题组织生活会

根据市委党史学习教育领导小组的要求和学院党委关于召开党史学习教育专题组织生活会的工作安排。7日下午，教工第一党支部在行政楼10层会议室召开党史学习教育专题组织生活会，会议由支部书记王文章主持。会议围绕“学党史、悟思想、办实事、开新局”主题，认真贯彻“学史明理、学史增信、学史崇德、学史力行”要求，交流学习体会，查找差距不足，引导广大党员增强“四个意识”、坚定“四个自

信”、做到“两个维护”。

组织生活会召开前，支部同志们深刻领会《关于召开党史学习教育专题组织生活会有关问题的答复》精神，围绕中央规定的四个方面进行盘点检视，开展谈心谈话，相互提醒、交流提高，并认真撰写了个人对照检视表和整改清单。

组织生活会上，王文章书记首先代表支部班子围绕组织开展党史学习教育、联系服务党员群众、力戒形式主义官僚主义等方面做对照检查，并带头做个人对照检查发言。随后其他党员依次做对照检查，严肃开展批评与自我批评，深刻检视问题，真正达到了强党性、促团结、增信心、提干劲、共进步的目的。

关于党史学习教育活动中的自我批评和思考主要体现在两方面。一是需要深化并结合实际开展党史学习。学习中普遍反映出，党员虽然按期完成了规定书目和材料的学习，对于党史有了进一步的学习和理解，但深度不够，应该更加深入、反复地学习，领会其中的精神要义，并结合实践做好“悟原理”。此外，探索将党史学习融入高职教育中，在工作实践中更好地领悟党史。二是需要更好地转化学习成果。党史学习教育活动要求把“学史力行”作为检验学习成果的重要指标，支部党员虽然重视服务师生，努力解决学习和生活中的困难，但仍需要增强主动担当的意识。下一步，将持续深入梳理困扰师生的难题，挖掘其根源，牢固树立为师生办实事的决心。对于存在交叉职责事务，要做好部门沟通协调，主动承担起解决问题的职责。

最后，支部书记王文章同志做总结表态，针对对照检查存在的问题，支部党员应立即整改，今后着力在以下三个方面进行强化：一是强化政治意识，坚持学习并运用习近平新时代中国特色社会主义思想铸魂育人，贯彻党的教育方针，落实立德树人根本任务。二是强化纪律意识，严格遵守党的纪律、国家法律和单位规章制度，不断加强党性修养，踏实工作。三是强化服务意识，努力发挥党员先锋模范作用，深入职工群众，认真倾听群众呼声，解决群众实际困难。

此次专题组织生活围绕“四个对照”，从具体事情、具体问题入手，深入党性分析，查找问题差距，剖析根源症结，制定整改措施，达到了红脸出汗的效果。使各位党员进一步深刻认识了党先进的政治属性、崇高的政治理想、高尚的政治追求、纯洁的政治品质，为学院党建发展、业务提升、服务师生、个人成长和进步提供了坚强的政治保障和思想保障。

五、教学、招生、学籍管理工作有序推进

2020—2021 学年第二学期期末考试工作进入尾声，教务处全体教师继续做好巡考、监考工作，严格遵守监考规则，严肃考试纪律。同时，做好后期的收卷、装订、阅卷和统分工作。

修正完成 2021 年秋季学期拟开课程初稿。为更好地适应学校发展需求，部分教师进行转型发展，教务处于 8 日组织转型教师进行试讲。英语组参与省教学能力竞赛并完成录课工作。撰写本学期教学管理工作总结。

截至目前，今年上半年 3 人退学，14 人应征入伍保留学籍（包含扩招在校生 1 人）。实际在校读书人数为 789 人（包含扩招的在校生 10 人）。注册学籍在校生为 1112 人（不包含保留学籍、退学和休学等）。

对口升学网上报名时间为 6 日—10 日，近期咨询对口升学的家长与学生增多，教务处设专人负责继续接待来访家长，接听招生咨询电话。安排教师参加第 16 届全国高校招生咨询会山西巡展。修改录取通知书设计，制作对口升学招生计划宣传海报，制作高考统招宣传短视频并在我院官方抖音账号发布，撰写本学期招生工作总结。

六、完善人事绩效核对、图书催还等工作

按照要求联系各部门及时统计劳务派遣人员工资情况，医保中心办

理医保缴纳手续，撰写本学期人事工作总结。

确定图书馆暑假延期还书时限，并发送通知，催还超期借阅图书，撰写图书馆本学期工作总结。

七、学工部人员参加学生资助线上培训

学工部组织辅导员、资助工作人员参加 2021 年学生资助工作第一期线上培训，前往教育基地参加国家助学贷款启动会。

学工部人员参加学生资助线上培训

八、学工部组织学生参观省科普教育基地

学工部组织学生参观省科普教育基地

学工部组织第三批学生走进山西省科普教育基地——大同轻型飞机制造有限公司进行参观访学，实地感受先进的生产技术和浓厚的航空文化。

九、实训中心完成设备资产清查盘点工作

本学期各项工作即将告一段落，总结工作得失的同时，实训中心适时启动设备资产清查盘点工作。按照《实训处资产登记表》，严格做到清单与实物一一对应。在资产清查过程中，实训中心教职工齐上阵，明确分工，责任到人，顺利完成了七大类总计 40 余间实训室设备资产的清查工作。随后检查了实训室门窗、断水断电，将清查完毕的实训室统一贴上封条。

针对此次资产清查工作，实训中心将不断完善设备资产管理制度，继续做好查缺补漏和总结工作，确保用好现有资源，保障暑假期间仪器设备的安全防范，为下学期实训教学工作的顺利开展做好准备。

2021年办学工作简报第二十三期：学院首个暑假

2021年7月12日—8月31日，学院进入办学后首个暑期。学院充分利用暑期窗口期，在做好新冠疫情防控工作基础上，瞄准重点工作任务，在学习教育、招生、完善基础设施、产教融合、制度建设等方面取得新进展。期间，省长蓝佛安视察学院，对学院办学给予充分肯定，对学院发展提出殷切希望，广大师生备受鼓舞。现将学院暑期工作总结如下：

一、深入学习习近平总书记“七一”重要讲话精神，党史学习教育不断线

深入学习习近平总书记在庆祝中国共产党成立100周年大会上的重要讲话精神，是我们当前一段时间最重要的政治任务。学院全体师生共同观看了大会实况，会后，立即对学习宣传工作进行部署，通过电子屏、宣传栏、悬挂条幅等方式营造良好的学习氛围。暑期期间，学院先后组织两次理论学习中心组（扩大）会议和一次全体教职工大会，学习习近平总书记“七一”重要讲话精神。秋季学期开学前，学院制定《开学第一课：“请党放心，强国有我”专题教育工作方案》，通过开好第一次主题大班会、主题分享会、强化思政内容等方式，加强青年学生的专

题学习教育。

二、再宣传、再推进，顺利完成 2021 年第一阶段招生工作

招生工作是学院发展的生命线。暑假期间，为加强学校招生宣传，提升学院知名度，教务处选派 4 位教师从南北两条线参与 2021 全国高校招生现场咨询会山西巡展活动。高考志愿填报前一周是宣传的黄金期也是关键期，教务处选派专人每天设计宣传图文，并动员全院师生在各自朋友圈进行转发。抓住最后的关键时间，在“新大同”微信公众号进行招生广告投放。目前，学院已顺利完成山西省、河北省及陕西省的高考录取工作，第一阶段共录取考生 839 人。

录取结束后，教务处立即推进录取通知书的设计、制作及发放邮寄工作。同时，按时完成 2021 年扩招简章的撰写和扩招工作方案上报工作。

三、持续推进产教融合，获批山西省科普教育基地

产教融合已经上升为国家高质量发展的战略引擎，成为教育、产业、科技、人才综合性改革的战略举措。暑假期间我院积极申报省科普教育基地，组织学生培训，推动产教深入融合，促进校企协同育人，获批山西省科普教育基地。

（一）成功举办“2021 中国 · 通航产教融合高峰论坛”

7 月 10 日，“2021 中国 · 通航产教融合高峰论坛”在大同开幕，大同市副市长马安全出席论坛并致辞。与会嘉宾共同见证了山西通用航空职业技术学院与北京智联友道科技有限公司、北京零创众成科技有限公司、中关村意谷（北京）科技服务有限公司、华舰通航机场运营管理（大同）有限公司、山西万鼎工程勘测设计有限公司等 5 家企业进行的通航产业校企合作签约，省内外十余家媒体对活动进行了报道。

（二）组织学生进行 AOPA 无人机驾驶执照培训并取得优异成绩

7 月 10 日—8 月 19 日，产教融合与实训中心组织学生在我院无人机训练专属空域进行 AOPA 无人机驾驶执照培训。共计 61 名学生在校参加暑期培训，并分别在 7 月 19 日、8 月 4 日、8 月 19 日分三批次到北京参加考试。共计 31 人次、29 人参加考试，最终通过 18 人（13 名驾驶员、5 名机长），通过考试的学生目前均已拿到执照。其余同学开学后将在实训中心专业教师的指导下继续进行训练和考试。

（三）筹划迎接我院首架教学飞机抵校

我院即将迎来首架教学用飞机空客 A319 抵校，为此，产教融合与实训中心提前制定了飞机抵晋疫情防控工作方案及防控应急预案，并实地考察，规划飞机进校方案。

（四）申报山西省科普教育基地并成功获批

暑假期间，产教融合与实训中心在雷晓锋院长指导下编写山西省科普教育基地申报材料。8 月，经大同市科协考察，认为山西通用航空职业技术学院具有普及航空知识的独特优势，能够提供航空科普教育和研学教育服务，符合山西省科协科普教育基地标准，山西省科协同意认定山西通用航空职业技术学院为山西省科普教育基地（2021—2025 年）。

（五）申报技工院校职业技能等级认定及技能人才评价人员

按照《关于开展技工院校职业技能等级认定试点工作方案》文件要求，产教融合与实训中心教师在暑假期间编制了详细的职业技能等级认定申报材料，包括备案表、专家证明、固定资产等内容。我院申报了无人机测绘操控员、民用航空器机械维护员、计算机及外部设备装配调试员、汽车机械维修工、机修钳工、民航乘务员、航空运输地面服务员、民航机场专用设备机务员、安检员、电工等 10 个工种的认定。同时，为加强职业资格评价、职业技能等级认定考评人员队伍建设，实训中心申报了相应工种的职业技能人才评价考评人员。

四、充分把握暑假窗口期，完善学院制度和条件建设

学院在窗口期积极完善制度建设，规范管理办法，稳步推进学院基础建设、加强固定资产管理、设备采购、校门安全管理、升级防疫措施、强化服务保障，提升学校的基本建设水平。

（一）完善后勤制度建设，促进学院规范管理

一是完善学院疫情防控期间加强校门管理办法及应急预案；二是制定教职员工健康信息填报要求；三是制定秋季开学师生返校疫情防控方案；四是制订物业服务要求、物业服务管理办法，起草物业招标办法；五是起草学院网格化管理工作方案。

（二）开展学院基础建设工作

一是加快西门岗的机动车道和人行道的建设，规范校门管理；二是协助大同通航投资公司做好办公楼 2—5 层装修工程；三是开展交流中心三层 4 间阶梯教室的采购与建设工作；四是完成报告厅两侧路灯的补充安装工作。

（三）完成学院教师入职及相关招聘方案的上报工作

完成山西省教育系统师德专题教育方案学院开展情况报告的上报工作。联系、了解市政务大厅和市征缴局办理医疗、养老保险的手续和流程，并实施办理，收集教职工的医疗、养老保险的系统录取数据，并开始着手录入。联系申请我院的“全国教师信息系统”账号。

（四）加快固定资产接收进度，完善资产管理制度

学院与大同市通航产业投资集团有限公司进行了固定资产交接工作，共计接收固定资产 3796 万元，并登记入账；根据资产的用途进行二次分配，管理到部门，责任到人，确保学院的国有资产管理规范有序。

（五）规范有序采购，提升办学硬件水平

为防患于未然，我院切实解决目前存在的物资缺口及困难问题，确

保开学前各项教学设施、生活和医疗设施、防疫物资等储备充足，满足我院师生的基础需求：1. 完成新建教室的多媒体一体机采购工作；2. 完成新建教室的课桌椅、黑板讲台采购工作；3. 完成餐厅二楼厨具的采购和安装工作；4. 完成学生公寓五、六楼公寓床的采购和安装工作；5. 完成校园观光车和小型消防车的采购工作；6. 完成校医务室医疗设备、药品和办公家具设备的采购工作；7. 完成学工部 8 个学生社团活动室的办公家具采购工作；8. 完成实训处无人机活动桌椅的采购工作；9. 完成办公楼视频会议室的建设工作；10. 完成防疫用品的采购工作；11. 完成学院作训服的采购工作；12. 完成办公用品、卫生工作的采购工作；13. 优化校园网络应用，增加网络带宽。

（六）完成新学期教材选购和接收入库

汇总教师选购新学期教材意向，确定订购数量，接收部分教材到校入库并核对数量。做好图书馆设备验收准备，逐一使用图书馆设备，汇总存在问题，与供货商联系解决问题。

（七）安装调试学费新收缴系统，完成学费价格核定，各项支付手续顺利完成

一是完成了学费新收缴系统的安装和调试。财务处联系中国建设银行山西省分行大同市分行开通“悦生活”缴费通道，并安装缴费系统。此次升级后，将会增加全新收费渠道，学生可选择使用微信支付或建行手机 APP 支付，输入本人信息后会直接显示缴费金额及明细，更新收费流程，大幅提高学生缴费便利和学院收费效率，减低误缴错缴的概率；二是完成了新学年新增专业的学费价格核定。新增专业通过审批后，财务处及时协调市发改委，对我院新增 4 个专业的学费价格展开核定工作并顺利通过，现已收到调整后的学院收费价格通知文件；三是所有教师 2020 年 10 月—2021 年 6 月期间绩效全部发放完毕，同时发放了已办理增资手续教师 7—8 月的工资；四是我校举办的“2021 中国 · 通航产教融合高峰论坛”相关支出费用、相关支付手续均审批完成并已支出；学

院本年1—5月物业管理费经多方协调已顺利完成支付；完成学院正常运行水电费用的支付，并对未来将产生水电费进行预付。

五、推进完善各项工作，继续加强制度建设，做好日常管理和秋季学期筹备工作

人马未到，粮草先行。在做好日常工作的前提下，我院积极做好迎接新生的准备工作，在假期安全管理、资金管理、物资供应、网络覆盖等方面加强监管和升级。

（一）日常管理工作井然有序

一是认真组织省领导视察学院接待工作。二是完善学院工作简报，修改并完善学院2021年春季学期工作总结2021年秋季学期工作计划，同时做好文电接受处置、督查督办工作。三是参加省教育厅2021年度全省学校（机构）代码维护工作会议，上报教育事业统计相关报表，报送大同市十六次党代表、市委教育工委党代表材料。四是严格暑假期间用印管理，做好详细登记，并全力做好暑假期间学院值班工作。

（二）做好学生假期安全工作，推进团学组织管理，积极筹备迎接新生

一是持续做好学生假期安全教育工作。暑假期间，全体辅导员通过班级微信群、班会等形式，不间断提醒学生在假期注意个人安全和暑期自主学习，要求学生坚持每日企业微信上报体温，假期不跨省流动，不到国内中高风险地区旅行，完成学生疫苗接种统计与上报，按时完成“三晋通”报送工作。根据财务处安排，及时通知2020级学生按时缴纳学费和住宿费。

二是积极筹备迎新工作。起草《关于组织开学第一课活动安排的工作方案》；起草《2021年迎新工作方案》，绘制迎新流程图，起草《迎新工作分工安排》；编制学院2021级新生军训实施方案，并进行军训前期准备工作。

三是加强教师培训和能力提升。7 月 29—30 日参加中国职业技术教育学会“职业院校教学能力比赛解析暨教师信息化教学能力提升高级研修班”；8 月 15 日—19 日参加学习通“疫情常态化下教师教学能力提升公益讲座”在线课程学习等。完成 2021 级新生分班工作，分配学业导师，各班固定教室完成分配，并制作平面图示。完成一、二年级教师人员安排和学生的排课工作，并形成初稿。准备“增材制造技术”“人工智能技术应用”“机场运行服务与管理”“飞机机电设备维修”新专业的申报材料。辅助物业、后勤清点交接教务处所用资产。辅助后勤与厂家对接实训楼 B 需要使用的教室和桌椅的数量与摆放。组织学工部教师做好军事理论课备课，认真学习《普通高等学校军事理论教程》；组织 6 名辅导员赴银川参加高校辅导员队伍建设与工作技能提升专题培训；参加大同市创建书香校园经验分享及推进会，参加第三届职业院校技能大赛颁奖仪式。

四是推进团学组织管理工作，做好我校“共青团·智慧团建”建设与日常管理工作。对接团市委，联系各大班团务工作负责人录入我校“学党史、强信念、跟党走”主题团日活动，进行团员档案整理与关系转接、学生团籍证明办理等团务工作；布置校学生会筹备组起草“青年大学习”常态化学习方案、团员、学生代表大会组织方案及“学党史，强信念，跟党走”青年奋斗者说主题演讲活动方案等；指导学生参与“青春兴晋”返家乡暑期社会实践活动，熟悉志愿者队伍注册流程等工作；联系中北大学国旗护卫队加入“山西高校升旗手联盟组织”群。

五是优化日常学生管理工作。修改《奖学金手册》，形成第五稿；为参军入伍的 3 名学生办理相关手续，配合武装部完成政审工作；配合实训处对参加 AOPA 培训的在校生进行管理；为学生公寓安装蓝色姓名标志牌 270 余个。

（三）多措并举，做好开学迎新的准备工作

加强统筹，多措并举打造安全、高效、绿色的校园环境，切实做好开学前的准备工作：

1. 设立学院文印室，做好教职工的服务工作；2. 启用校医务室，完善医疗条件，为全院师生提供基础医疗保障；3. 完成教学设施设备的检修工作，创造良好的教学环境；4. 完成公寓设施设备的检修工作，创造安全舒适的住宿环境；5. 完成校园环境美化、净化工作，做好开学前全校区的消杀工作，提供安全卫生的学习工作环境；6. 做好餐厅的就餐环境、饮食安全的监管工作，努力为全院师生提供安全卫生、味美价廉的餐饮服务；7. 加强校园服务单位服务的监管力度，全力做好师生员工的生活保障工作；8. 加强门卫管理，把好校园安全，疫情防控的第一关；9. 做好 2021 级新生作训服的尺码核实工作，提前制作 2021 级新生校园一卡通，规划 2021 级新生的住宿方案，配齐各房间钥匙，完善住宿条件。

附件：雷晓锋院长在大同市人大议政论坛上的发言

（2020 年 12 月 25 日）

深耕通航产业　打造大同样板

通用航空业是国家战略性新兴产业，是促进经济社会高质量发展的新基建、新动能和新增长点，是高质量转型发展的重要途径。我国通用航空机场覆盖率和通用航空飞机规模远低于发达国家，美国有通用飞机约 21 万架、通航机场近 3000 个，通航产业链条比较完整。我国有通航飞机约 2400 架、通航机场 277 个，产业发展潜力巨大。从全国看，“十三五”期间，我国通用航空运营环境逐步优化，通航产业政策逐步优化，规章制度逐步松绑，基础设施建设与产业步入发展快车道，通航飞行时数达到 109 万小时，年均复合增长率为 7.3%，在册通用航空器同比增长 7.6%，无人机市场发展迅速，通航消费市场成为新兴热点。从全省发展看，省委、省政府高度重视通用航空业发展，把通用航空业作为 14 个战略性新兴产业之一，把“建设通航强省”作为重大战略工程，补短板、强弱项，出台了一系列产业发展规划、机场布局规划、实施指导意见等支持政策，加快推进山西通航飞起来、热起来。从我市情况看，市委、市政府扛起建设通用航空示范市的重大使命，强化顶层设计，突出项目引领，主动先行先试，在政策引领支持、体制机制改革、基础设施建设、产业集群发展等方面取得阶段性成果，建成了山西省首家航空类高等院校，规划了全省面积最大的通航产业园区，取得了两种机型的轻型飞机生产许可证，获得山西第一家“民航 147 部培训机构”资质，开通了低空旅游航线，基本形成了“研发制造、特色文旅、教育培训、短途运输、社会服务”通航产业板块，推动通航产业向集群化发展。成绩虽然显著，但与发达城市相比，我们的通航业发展仍处于起步阶段，基础设施不够完善，通航运营规模较小，公共服务能力不足、产业发展政策和机制仍需完善，潜在需求挖掘不充分等问题依然存在。

党的十九届五中全会将空天科技列为重点发展领域。“十四五”开篇筹谋，把握通航发展的历史机遇期，正视目前面临的掣肘问题，全局谋划、资源整合、统筹实施，建设通航示范市、打造大同样板，对于全市高质量转型发展至关重要。为此，建议：

一是强化顶层设计，扛起重大使命探索发展路径。要以建设通航业发展示范市为契机，要跳出大同看大同、跳出通航看通航，主动对接国家“十四五”期间的通航领域各项示范工程，以专业化、市场化为导向，从顶层集聚行业优质资源，在人才、资金、招商等多方面提供专项保障措施，支持通航产业与地方经济融合发展。发挥高铁便利优势，强化与京津冀常态化互动，从人才引进、招商引资、市场开发、教育培训等方面全面发力，建设华北最大、具有显著“比较优势”的通航产业基地。

二是加大财政投入，建设通航产教融合实训基地。欧洲航空航天中心法国图卢兹，集聚了空中客车等 500 家航空企业、法国国立民航大学等近 30 所高校、400 余家科研单位；高校教室与企业厂房毗邻、产教无缝衔接。美国北达科他州立大学（UND）、安博瑞德航空大学（ERAU）

以及澳大利亚新南威尔士大学（UNSW）等一流航空特色高校成功的重要经验之一也是与行业深度互动和融合。大同通航产业园拥有北岳机场、通航学院和若干家通航企业，已具备产教融合的雏形。希望政府加大投入，支持通航企业和学院围绕“产业群与专业群”“技术链与课程体系”“技能人才与双师师资”等环节深度融合，在“设计研发、实习实训、航空科普、技能提升、社会服务”等功能板块形成通航产教融合集聚效应，打造一流的产教融合实训基地。

三是组建运营公司，体系化推进通航公共服务。立足我市轻型飞机制造优势，拓展市场主体，聚焦航空应急救援体系建设，市县两级共同组建通航运营公司，统筹政策支持推进通用航空融入城市公共服务，体系化构建低空旅游、应急救援、警用巡察、医疗救护、处突任务、航拍航测、农林作业、短途运输等城市公共服务体系，建设快速响应、区域覆盖、综合救援、联动保障和高效指挥的多灾种航空应急救援体系。

四是探索“通航+”模式，市场化打造航空消费新热点。要立足大同旅游资源与地域特色，在做大做强“通航+旅游”的基础上，通过市场化手段探索“通航+”跨界融合新模式，通过集聚人气，延伸“通航产业链条”，促进产业多元化、融合化、集聚化发展。比如，“通航+体育”“通航+文化”“通航+乡村振兴”等，精准捕捉消费群体，让通航与其他产业互相融合，创造出更多、更新的通航消费产品。

五是优化营商环境，建设“一站式”全生命周期服务中心。尽快完善高端人才入职落户、待遇落实、项目申报、子女入学、配偶就业、长期支持等措施的“一揽子”方案，把对人才的尊重转化为工作制度和机制，实施人才“一张电子表”和一站交钥匙（住房、用车、实验室钥匙）工程，以及高端人才“一对一”服务，既要靠条件引进人，又要靠体系化的“感情牌”、持续化的上升空间留住人；要对标深圳、上海、杭州、成都等地的成功的经验，建设“一站式”全生命周期企业服务平台，真正营造“重视人才、尊重人才、优待人才、服务人才”的良好氛围。